综合实践活动
教师指导用书

九年级　上册

ZONGHE SHIJIAN
HUODONG
综合实践活动

九年级　上册

ZONGHE SHIJIAN
HUODONG
综合实践活动

九年级　上册

ZONGHE SHIJIAN
HUODONG
综合实践活动

九年级　上册

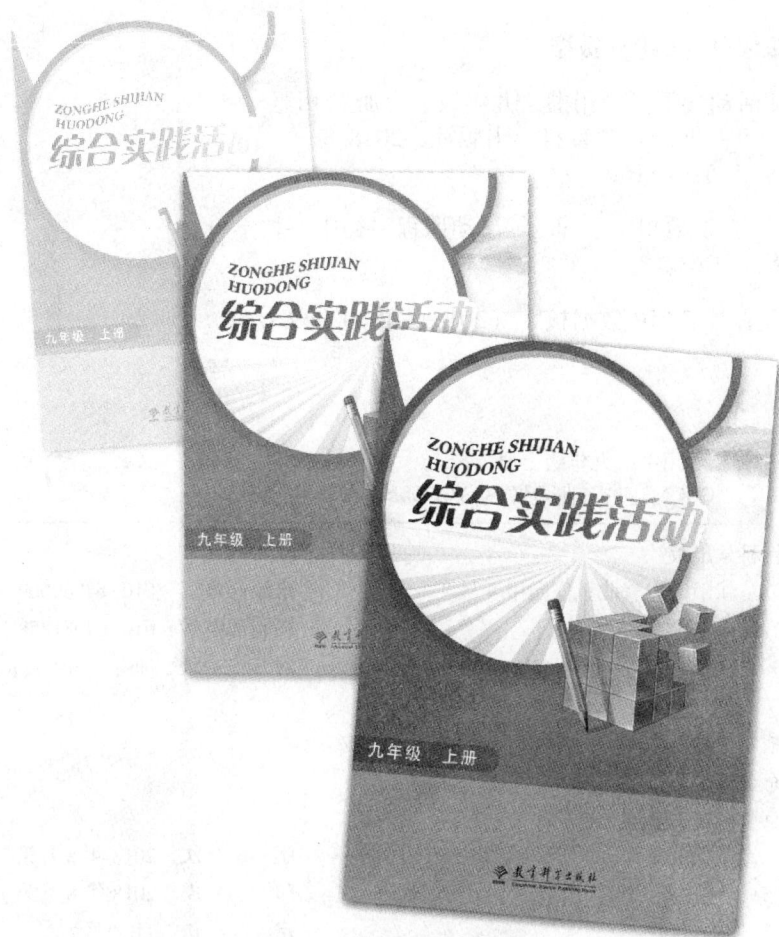

教育科学出版社

·北京·

主　　　编　田慧生

副　主　编　冯新瑞　王　薇

本 册 主 编　李国卿

本册编写者　邱德江　梁　烜　代　霞　杨莉莉　成振生

　　　　　　林彦杰　杨洪芬　祝连国　苏方红

出 版 人　李　东

责任编辑　石雷先

版式设计　杨玲玲

责任校对　贾静芳

责任印制　叶小峰

图书在版编目（CIP）数据

综合实践活动教师指导用书．九年级．上册／田慧
生主编．—2版．—北京：教育科学出版社，2018.8
ISBN 978-7-5191-1692-7

Ⅰ．①综…　Ⅱ．①田…　Ⅲ．①活动课程—初中—教学
参考资料　Ⅳ．①G632.3

中国版本图书馆 CIP 数据核字（2018）第 193369 号

综合实践活动教师指导用书　九年级上册
ZONGHE SHIJIAN HUODONG JIAOSHI ZHIDAO YONGSHU

出版发行	教育科学出版社		
社　　址	北京·朝阳区安慧北里安园甲 9 号	市场部电话	010-64989009
邮　　编	100101	编辑部电话	010-64981258
传　　真	010-64891796	网　　址	http://www.esph.com.cn
经　　销	各地新华书店		
制　　作	北京金奥都图文制作中心		
印　　刷	北京玺诚印务有限公司		
开　　本	184 毫米×260 毫米　16 开	版　　次	2018 年 8 月第 2 版
印　　张	4.75	印　　次	2018 年 8 月第 1 次印刷
字　　数	98 千	定　　价	11.80 元

如有印装质量问题，请到所购图书销售部门联系调换。

前　言

教科版小学、初中和高中《综合实践活动》在 16 年实验和调研的基础上，又根据教育部颁布的《中小学综合实践活动课程指导纲要》（以下简称《纲要》）进行了全面修订。

一、修订目的

1. 全面贯彻《纲要》规定的各项要求

《纲要》是我们这次修订资源包的重要依据。《纲要》规定，从一年级设课，将课程目标细化为价值体认、责任担当、问题解决、创意物化四个维度，将活动方式概括为考察探究、社会服务、设计制作、职业体验四种，还增加了班团队活动、博物馆参观、研学旅行等活动形式，这些规定为编写组设计资源包框架、完善内容、调整呈现方式等提供了依据。我们编写组的主要成员有幸参加了《纲要》的研制，对《纲要》的把握更精准，落实更加到位。这次修订资源包，我们全面贯彻《纲要》的各项要求，不仅落实和体现《纲要》对综合实践活动课程性质、理念、目标、内容、实施等方面的规定，而且还将《纲要》附件部分按学段推荐的主题落实在资源包当中。

2. 吸收课题研究和资源包实验成果

从 2001 年开始，中国教育科学研究院综合实践活动课题组本着边研究边实践的原则陆续申报立项了全国教育科学规划领导小组办公室社会科学基金等一系列课题，对综合实践活动课程的基本理论和实践操作问题进行了深入的研究，取得了丰硕的成果。课题组还两次面向全国做了综合实践活动实施现状的问卷调查。调查表明，很多学校还没有开课，开课的学校有不少还不够规范，学校实施这门课程存在着许多困难，65% 的校长和 79% 的教师都认为其中最大困难就是缺乏资源，67% 的教师认为迫切需要提供综合实践活动学生用书和教师指导用书。在广大教师的课程开发意识和能力还达不到开发一门新形态课程要求的情况下，学校要常态实施这门课程迫切需要科研部门提供可供师生参考的学习材料。正是基于这样的认识，课题组才开发了这套资源包，帮助广大教师准确把握这门课程的精神实质，有效地实施这门课程。16 年来，资源包在课题研究和实验的基础上吸收了大量的优秀实践案例，也进行了多次修改，逐步完善，有力地推动了实验区综合实践活动课程的开设和有效实施，深受师生的欢迎。这套资源包也为《纲要》附件部分推荐主题提供了大量的参考依据。这次修订将保留资源包中原来受欢迎的主题，添加一些《纲要》推荐主题，再重新整合设计。

3. 充实和完善资源包，进一步提升质量

尽管资源包在实践中深受师生的喜爱，但是《纲要》的颁布，对资源包的编写又提出了新的要求，信息时代、核心素养时代、新技术迅猛发展等新形势也对资源包的更新提出了更高的要求。我们必须站在综合实践活动实施推进 16 年的经验总结的基础上，落实《纲要》的要求、体现时代的特点，为全国不同地区、不同学校，提供优质的综合实践活动课程资源，让那些没有开课的学校真正把课程开设起来，让那些开课的学校规范实施和有效实施综合实践活动课程，真正促进学生综合素质的提升。

为了进一步提升质量，在资源包的编写队伍里除原来中国教育科学研究院综合实践活动课题组的主要成员、一线教师和教研员外，也积极吸纳了一些参与《纲要》研制的成员，他们不仅有多年的理论探索，也有丰富的实践经验，我们共同努力，力争编写出一套高质量的综合实践活动资源包，推动综合实践活动课程的有效实施。

二、编写思想

引导学生深入理解和践行社会主义核心价值观，充分发挥中小学综合实践活动课程在立德树人中的重要作用，推动基础教育深化课程改革，提升学生的综合素质。

1. 以培养学生的综合素质为宗旨

综合实践活动是以培养学生综合素质为导向的跨学科实践性课程，资源包在编写时也是以培养学生的综合素质为宗旨，以发展学生的实践创新能力和社会责任感等核心素养为重点。在选择主题时，资源包都从学生自身成长需要和社会发展需要出发，精选生活中那些对学生综合素质发展有价值、意义的内容，恰当地反映科学技术发展的新成果和人们关心的重大现实问题，引导学生从日常学习生活、社会生活或与大自然的接触中提出具有教育意义的活动主题。在内容呈现上，充分体现综合实践活动的自主性、实践性、开放性、综合性等本质特征，让学生在通过探究、服务、制作、体验等方式开展各种实践活动的过程中形成价值体认、责任担当、问题解决、创意物化等方面的意识和能力，提升学生的综合素质。资源包的内容除了《纲要》推荐的主题中设计制作活动方式里技术部分要求特别高的个别主题没有包含外，其他活动方式推荐的所有主题都包含在内，还增加了不少普适性强、能促进学生综合素质发展的主题，以增强活动的选择性。

2. 以学生的生活逻辑来编排

综合实践活动课程是真正回归生活的课程，本套资源包的编写从学生真实的生活世界中选取那些具有一定的综合性、实践性、现实性的问题、事件、现象来设计课程内容、确定活动主题，按照学生生活的逻辑来编排内容，围绕着"学生与社会、学生与自然、学生与自我"三条主线组织开展实践活动，依据学生的年龄特点、兴趣爱好和认知规律，由近及远、由易到难、由具体到抽象、由简单到复杂逐步加深活动难度，逐步开放学生活动的空间，促进学生自主地、多样化地开展实践活动，也体现了《纲要》中课程内容组织的整体性和连续性原则。如资源包中社会服务活动的主题是从学生由小到大能服务的范围逐步展开的，包括自我服务、家庭服务、班级服务、校园服务、社区服务、社会服务等。在内

容的呈现上，采用了插图、表格、文字相结合的表达方式，很适合学生的年龄特点，利于激发学生学习的积极性。

3. 整体设计、综合实施多种活动方式

《纲要》把综合实践活动的主要活动方式概括为考察探究、社会服务、设计制作、职业体验四种，还增加了班团队活动、博物馆参观、项目设计等其他活动形式，且强调了在活动设计时"可以有所侧重，以某种方式为主，兼顾其他方式；也可以整合方式实施，使不同活动要素彼此渗透、融会贯通"。实际上，资源包中的很多主题活动本身就是综合的，这次修订时，更凸显了《纲要》"整体设计和综合实施"的思想，基于学生可持续发展的要求，设计长短期相结合的主题活动，增强了资源包的选择性，形成了"综合大主题、综合小主题和单项主题"的基本框架，且随着年级的增高，综合大主题也随之增加，1~2年级以单项主题为主，中学以综合主题为主，活动主题也由简单走向复杂，活动范围不断拓展。这些综合性的主题在开展活动时需要采取多种活动方式，往往是以某一种方式为主，其他活动方式交叉进行，使不同活动要素彼此渗透、融会贯通，这样才能使活动更加深入，学生才能有深度体验和感悟，其综合素质才能持续提升，也更能发挥综合实践活动综合育人的作用。

4. 重视方法引导

开设综合实践活动的目的，旨在让学生改变长期以来一直恪守的被动地接受知识传输的学习方式，将学生置于一种主动探究并注重解决实际问题的学习状态；让学生综合运用所学知识尝试去解决现实问题，丰富他们的学习经历，培养学生的创新精神、实践能力和终身学习的能力。本书重视学习方法的引导，一方面在三年级和七年级起始课专门设有方法导航单元，通过案例的形式不仅呈现各种活动方式的关键要素，更突出各种科学研究方法指导；另一方面在每个主题活动中，不仅呈现各种活动方式的关键要素，也渗透各种科学研究方法的引导和运用，并随着年级的升高，研究方法逐步规范。学生在通过一个个主题活动的实践中，逐步熟悉并掌握规范的研究方法，真正实现学习方式的转变。

5. 注重多元评价与学生的自我反思

与学科课程相比，综合实践活动课程更关注的是学生的收获体验和能力的提升，而不是知识和技能。所以评价时，不应过多地看重学生所获得知识的多与少，以及作品的优与劣，而应特别关注学生参与活动的态度、解决问题的能力和创造性，以及所获得的经验与教训。因此，资源包体现了多元评价的思想，让不同主体（包括教师、学生、自己和社会有关人员）对学生多方面的表现进行评价，尤其是注重体现了学生的自我评价和反思，学生可以充分地畅谈自己参与活动的体验、经验和教训，自由地交换意见，因而可使每个人的收获变成大家共同的精神财富。资源包在每一主题最后安排的评价或反思这项活动，目的也在于此。

三、编写体例

为了充分落实《纲要》"整体设计和综合实施"的指导思想，体现四种主要活动方式的关键要素，本资源包在编写体例上做了较大改动。

1. 大小主题结合

整套资源包改变了过去单一结构的主题设计形式，而是采用长短周期、大小主题相结合的形式，形成了综合大主题—综合小主题—单项主题的呈现方式，其中综合大主题包括3~4个主题，小综合主题包括2个主题，单项主题包括1个主题，每个主题侧重以某一种活动方式为主、兼顾其他活动方式。在一个综合主题里整合多种活动方式，使不同活动要素彼此渗透、融会贯通，充分体现了《纲要》"整体设计和综合实施"的思想。在实际教学中，任何一个主题也都可以拿出来单独实施，这就进一步增强了资源包的弹性和选择性。

由于1~2年级的学生年龄较小，不适合长周期、大主题的活动，此年龄段的资源包采用的都是单项主题的呈现方式，每个主题也是侧重以某一种活动方式为主、兼顾其他活动方式，且活动的步骤也是根据内容灵活设计而不是死板地按照活动方式的关键要素来呈现。

2. 呈现活动方式及其关键要素

《纲要》不仅概括了综合实践活动实施的四种主要活动方式，还指出了每种活动方式的关键要素，这些关键要素是正确把握这些活动方式的重要环节。为了使师生更好地把握《纲要》提出的四种主要活动方式，有效地开展综合实践活动，本资源包不仅把每个主题需要用哪种活动方式呈现出来了，还把每种活动方式的关键要素以体例的形式呈现出来了。因此，本资源包各种活动方式的体例如下表所示。在综合主题中它们彼此交叉，根据内容灵活呈现。

考察探究活动 体例	设计制作活动 体例	社会服务活动 体例	职业体验活动 体例
背景资料	背景资料	背景资料	背景资料
开阔思路　确定课题	创意设计	需求调查	实地考察了解岗位
制订活动方案	准备材料	制订服务计划	实际体验
开展实践活动	动手制作	学习服务技能	总结反思
成果展示	交流展示	开展服务	行动应用
交流与反思	反思改进	分享与反思	
		再次服务	
主题评价与拓展			

四、资源包特色

1. 注重普适性

综合实践活动课程与学科课程不同，它的开展需要密切联系学生的生活实际、开发利用学校周边的资源。由于我国面积广大、地域辽阔，各地课程资源均不相同，且城乡差别又很大，有些在城市（农村）可以开展的主题，在农村（城市）却无法开展，因此，资源包在选择主题时，充分考虑到了这些差别，一方面尽可能地选择各地都能开展的活动，使之具有普适性。如"合理安排课余生活""环境保护我参与"等这些主题各地区（包括城市和农村）都能开展活动。另一方面也要选择一些城市和乡村分别能开展的主题，使城乡都有可选择的主题，都能开展活动，提高资源包的选择性。如城市学生研究"家乡交通拥堵问题研究"，农村学生研究"家乡农机具的发展变化与改进"。这些活动主题在展开的过程中，资源包又注重了方法的指导，根据活动内容的需要推荐适合的活动方式，按照活动的关键要素一步步来展开，十分易于师生操作。

2. 强化实践性

本资源包不是书本知识的传授，而是让学生亲身参与、主动实践，在实践中综合运用所学知识解决各种实际问题，提高解决实际问题的能力，增强社会责任感。实践性是综合实践活动的本质特征，因此，本资源包从选择主题到开展活动都突出体现了这一特征。如资源包推荐给学生的所有主题活动绝不是仅仅查查资料就能够解决问题的，查阅资料只是开展实践活动的基础，必须要让学生亲力亲为、亲身实践，开展社会调查、参观访问、实验、服务、设计制作、职业体验活动等，通过引导，让学生自己能够获得解决现实问题的真实经验，从中培养实践能力。

3. 突出综合性

综合实践活动课程无论是在目标定位、内容选择还是活动形式上都强调了综合性。它所强调的是学科间的联系、知识的综合运用及综合能力的培养。因此，本资源包在主题选择上，不以单一学科知识为中心，而是以学生的心理水平、学习兴趣以及跨学科的综合性知识为基础，从学生真实的生活中尽量选取那些具有一定的综合性、实践性、现实性的问题来设计课程内容，形成了"综合大主题、综合小主题和单项主题"的框架，且随着年级的增高，综合大主题也随之增加。这些综合性的主题在开展活动时，需要经过多种形式的探究活动，综合运用所学知识去解决实际问题，从而达到学生综合素质的整体提升。

4. 体现开放性

本资源包从生活中选择内容，根据不同学生年龄的特点确定不同的活动主题，并为每个活动主题提供了背景材料和基本活动线索，把综合实践活动四种学习方式进行有机整合，这些都是预设的。为了给师生开展活动提供更多的思路，留下更多的施展空间，更好地体现综合实践活动的开放性和生成性，资源包在活动的每一个环节都注重了为师生自主选择活动和创造性地设计、组织、实施、评价活动留下了必要的空间。在活动主题选择时，资源包设计的"开阔思路　确定课题"栏目下的选题结构图中有很多课题供学生选择；在活动开展的过程中，资源包也只是给学生提示了一些方法和基本思路，供师生结合各地实际参考实施，还设有不少启发性的问题和空白供学生去拓展；在总结评价阶段，资源包也只是提示一些展示和多元评价思路，留下更多的空白供师生去创生；在每个主题单元活动的最后，资源包还设计了活动延伸的内容，鼓励有兴趣的同学对生成的新问题继续去探索实践。

《综合实践活动》编写组

2018 年 8 月

目　　录

综合大主题

主题一　关爱身边的老年人 ·· 1
课题1　当地老年人生活状况调查（考察探究活动） ············· 3
课题2　帮助身边的老年人（社会服务活动） ······················· 5
课题3　我为老人做设计（设计制作活动） ··························· 6
课题4　走进敬老院（职业体验活动） ································· 7

主题二　秸秆和落叶的有效处理 ··································· 11
课题1　秸秆和落叶处理现状调查（考察探究活动） ············· 13
课题2　用秸秆或落叶制作手工艺品（设计制作活动） ··········· 15
课题3　秸秆和落叶的综合利用宣传（社会服务活动） ··········· 16

综合小主题

主题三　中外文化对比 ·· 22
课题1　中外饮食文化的差异（考察探究活动） ····················· 24
课题2　中外建筑风格比较（考察探究活动） ······················· 25

主题四　职业调查与体验 ·· 31
课题1　调查不同职业工作的状况（考察探究活动） ··············· 32
课题2　选一个职业去体验（职业体验活动） ······················· 34

主题五 广 告 ⋯⋯⋯⋯⋯⋯⋯⋯⋯⋯⋯⋯⋯⋯⋯⋯ 39

课题1 广告对人们生活的影响（考察探究活动） ⋯⋯⋯⋯ 40

课题2 我做广告设计师（职业体验活动） ⋯⋯⋯⋯⋯⋯⋯ 42

主题六 3D 打印技术 ⋯⋯⋯⋯⋯⋯⋯⋯⋯⋯⋯⋯⋯⋯ 48

课题1 3D 打印技术应用现状调查（考察探究活动） ⋯⋯⋯ 50

课题2 3D 打印技术的实践（设计制作活动） ⋯⋯⋯⋯⋯ 52

单 项 主 题

主题七 校园禁毒宣传活动策划与实施（其他体验活动） ⋯⋯⋯ 59

附录 综合实践活动写实记录卡 ⋯⋯⋯⋯⋯⋯⋯⋯⋯⋯ 65

一、主题设计思路

我国正步入老龄化社会。老龄化将对社会提出一系列问题和挑战：养老、医疗等社会保障制度需要进一步完善；老年人服务体系建设压力巨大；老年人群和劳动年龄人群利益冲突、代际关系有待解决；农村老龄问题日益突出；消费结构、产业结构、社会管理体制等需要调整等。这些问题关乎每一位老年人的切身利益，也关乎千家万户的切身利益，需要全社会的共同关注，群策群力。十九大报告明确提出"深入实施公民道德建设工程"，教育部也提出了"德育为先"的育人目标。本主题的选择符合时代要求，也符合"德智体美全面发展"的要求。第一个课题"当地老年人生活状况调查"来自《中小学综合实践活动课程指导纲要》（以下简称《纲要》），价值追求符合"价值体认""责任担当"的课程目标要求。本主题是在这个课题的基础上加上创意设计和社会服务等拓展内容整合而成的大综合主题。本主题从初中生的角度选择了关爱老年人的话题，通过活动引起青少年对老龄问题的重视，让青少年了解身边的老年人，理解身边的老年人，服务身边的老年人，关注我国社会老龄化的问题，学习为老年人服务的基本技能，培养爱老敬老的传统美德。

九年级学生具备了一定的社会阅历，很多学生从小与爷爷奶奶、外公外婆生活在一起，生活的社区中也有很多老年人。耳濡目染，学生对于老年人、老龄化问题已有一定的认识，主题来自学生真实的生活，学生有一定的切身体验，因此，学生对于本主题的研究兴趣相对较高；大部分学生在学校生活中也或多或少参与过爱老助残等活动，有一定的活动经验；学生通过综合实践活动课程的学习，基本形成了信息收集、资料整理、活动设计、活动开展、展示评价等参与活动的能力。为课题开展奠定了坚实的基础。但我们也要看到，九年级的学生，大部分生活环境相对优越，尤其是生活在城市中的学生，大部分是独生子女，生活中处处被关心、被爱护，加上年龄相对较小，关爱他人的情愫相对较弱。如何激发学生参与活动积极性，激发学生关爱他人、助老扶弱的情感，是活动过程中要关注的问题。同时，学生虽然具备了一些参与实践活动的经验，但从考察探究、设计制作、社会服务、职业体验活动方式等关键要素来看，还存在许多不规范、重形式、轻效果的现象，需要进一步提升学生的活动参与能力，这也是设计本主题的意义之一。

本主题可以开展的活动很多。"敬老爱老"是中华传统美德，不少学校围绕这一主题开展过多项主题教育活动，如"走进敬老院""爱老助残宣传""社区敬老助老志愿者活动"等，积累了较为丰富的课程资源。在课程实施过程中，可以结合这些主题教育活动进行本主题的学习。资源包围绕《纲要》中提出的四种主要活动方式（考察探究、社会服务、设计制作、职业体验）设计了四个课题："当地老年人生活状况调查""帮助身边的老年人""我为老人做设计""走进敬老院"，通过资料收集、问卷调查、访谈、实地考察、设计制作等多种活动方式开展活动。第一个课题"当地老年人生活状况调查"是认知的基础，通过开展调查活动，学生了解老年人生活的现状，发现老年人的需求，进而激发他们为老年人做点什么的愿望。后面三个课题可以在此基础上进一步开展活动，使敬老助老活动开展得深入、有序、有效。

二、主题目标

1. 通过对老年人生活现状的调查，激发学生关注养老问题、关爱老年人的情感；通过服务老人，培养责任担当意识；通过设计制作，培养创新精神。通过参与养老院的职业体验活动，培养学生的职业规划与培养意识。

2. 通过开展老年人生活现状调查，培养发现问题以及信息收集、整理和加工的能力；通过设计制作老年人用品，培养学生创新设计、动手实践等创意物化能力；通过担当小护工的活动，进行职业体验，提升服务社会等能力。

3. 通过资料收集、调查、访谈、实地考察等方式了解老年人生活现状，了解国内外人口老龄化给国计民生带来的影响；通过为老年人设计无障碍设施，提升优化设计、动手制作的能力。

三、主题实施建议

可以根据学校所在社区课程资源的情况，如养老机构状况、社区建设规范程度、学校传统敬老助老开展情况等，因地制宜、创造性地实施本主题。

主题实施内容选择建议如下。方案一，以年级为单位，把整个主题活动作为一个整体来实施，每个班完成2~3个课题的活动，每小组在班级选择的课题中确立自己小组的活动内容。建议把"当地老年人生活状况调查"作为必选课题，在另外其他三个课题中再选择一个作为活动内容。方案二，以班级为单位完成整个主题活动，把"帮助身边的老年人"作为共同活动内容，各小组再选择其他1~2个课题作为活动内容。方案三，把"帮助身边的老年人""走进敬老院"两个课题与学校的爱老敬老活动结合起来，在"老人节"前后统筹规划、集中实施。方案四，以一个课题的活动为主，附带其他2~3个活动课题的实施。以上只是建议，具体的实施方式应根据学校实际情况，由指导教师会同学校学生教育科室共同商定。

实施过程中，要做好资源调查，如当地养老设施设置情况、学校开展的传统敬老助老活动实施情况、当地养老助老社会氛围情况、学生尊敬父母及长辈的素养形成情况、学生参与实践活动的基本能力。在此基础上，做好主题活动的整体设计，确立合理的、切合实际的活动目标，安排合理的活动内容，选择合理的活动方式，指导学生有选择地使用资源包提供的活动方案开展活动。每次活动要把营造助老敬老氛围、学生获得真实深刻的体验作为重要目标加以设计和实施。

本主题活动对学生的评价，包括过程性评价与阶段性评价。过程性评价主要包括学生参与活动的积极性以及活动中的主要表现，主要依据有活动记录表、活动过程佐证材料、小组评价、指导教师评价等。对于阶段性评价来说，根据活动课题的不同，评价依据也不同。各课题活动都要提供活动计划、活动总结等材料，"当地老年人生活状况调查"要提供调查报告，"帮助身边的老年人"要提供服务对象的评价意见，"我为老人做设计"要提供设计方案和实物（模型）作品，"走进敬老院"还要提供职业体验对应单位领导评议意见。

主题活动的拓展延伸，可以从建立长期敬老帮扶关系、开展长周期活动入手，也可以进一步深入研究中国养老问题，如农村养老问题、应对老龄化社会带来的挑战等，确立新的活动主题或者课题，还可以对学生活动过程中发现的相关问题，加以筛选，确立为活动课题。

四、各课题设计意图及实施建议　>>>>

课题 1　当地老年人生活状况调查

（一）活动时长建议

建议利用课外 1 周、课内 2 课时（方案制订 1 课时，总结交流 1 课时）完成本课题。

（二）活动设计意图

制订方案。要引导学生在开展活动前制订好方案，资源包给出了一个方案的部分内容，启发学生按照此样例制订自己小组的活动方案。

开展研究。共设计了收集资料、问卷调查、实地考察、访谈、整理与分析、设计方案几个活动，较完整地呈现了整个研究过程。其中提供了启发性的问题、资料卡，给出调查问卷样例，"老年人生活中的主要困难"资料整理卡、"关于老年人生活现状的调查报告"样例等，引导学生开展活动，帮助学生规范记录活动过程，培养学生参与活动的能力。各个活动板块的起始部分，用简短的语言明确了活动开展的主要内容和目的。如"收集资料"栏目，引导学生通过上网等多种渠道了解我国老龄化的现状以及老年人生活现状，给出了我国老龄化社会的现状及其对于国计民生的影响等三个问题，意在启发学生带着问题去收集资料，避免盲目性。同时，该栏目提供了"老龄工作和老龄事业存在的问题与短板"资料卡。其他栏目设计意图和编写形式基本相同，就不再赘述。

展示与交流。展示交流的形式很多，内容也很丰富，资源包中给出了以"我们社区的老年人"为题征文、开展"无障碍设施方案设计大赛"两个活动。一方面对于展示交流环节活动内容提出明确要求，给教师和学生以启发。展示交流环节要以"主题式"的活动为主；另一方面，避免该环节各种主题活动都千篇一律的现象，更不要流于形式、流于表面，降低本活动环节的效果。

收获与反思。给出了一个针对"家有一老，如有一宝"的讨论话题。在前期研究活动的基础上，话题把了解老年人生活现状升华为认可老年人、尊重老年人，进一步培养学生敬老爱老的意识。接下来设计的第二个问题，是对活动自身进行反思，加深活动体验，总结活动的经验教训，提升学生活动能力。另外，栏目还给出了两个开放性的文本框，引导学生分别对活动中的"得"和"失"进行反思，梳理记录，加深体验。

（三）具体实施建议

1. 准备阶段

教师通过发放问卷、个别谈话、生活观察等多种渠道，了解学生对于老年人这个话题的兴趣；了解本校或本班级敬老爱老先进人物事迹，了解开展主题活动的资源情况，如敬老院的位置、规模、是否支持学生开展活动等；了解学生过去参与的敬老助老活动的效果及存在的问题；收集我国老龄化问题的相关资料，如政策、老龄化的数据等，最好获得当地老年人的一些具体信息。

2. 实施阶段

首先上好开题课，通过讲故事、陈述老龄化信息资料、学生交流自己与老人相关的亲身经历等方式，创设情境。根据学生居住地位置以及兴趣爱好、个性特点，在自愿基础上分小组。引导学生提出本组关于老龄化的问题，通过讨论转化为研究的课题。制订各小组翔实的研究计划。进行安全教育，明确人员分工。活动开展过程中，每个小组的活动，如访谈等都要设计具体的实施方案，要及时掌握各小组的计划执行情况，帮助他们解决实际困难。对于比较集中的问题，可以采取集体讨论的方式共同解决。提醒学生做好过程性资料的收集和整理。教师可以跟随一个小组开展活动，随时关注其他小组的活动情况，为了便于联系可以建立微信群、QQ 群等，及时了解学生的活动情况。

3. 总结与交流阶段

本环节是提升活动效果的重要阶段，必须认真对待。它包括资料整理、形成研究报告（设计方案）、展示交流、评价等几个小环节。本课题除了要求形成具体的研究报告外，情感教育也是个重要的活动目标，教师可以提醒学生，要注意展示研究过程中的真实体验。开展小组交流活动，分工完成资料整理，小组成员都要对自己在活动中的表现和收获在小组内交流，推荐代表宣读小组"关于老年人生活现状的调查报告"，接受其他小组成员及教师评议。召开"无障碍设施设置方案"设计论证专题会议，让各小组展示设计方案，开展论证评价活动。根据过程记录材料、各小组研究报告、方案设计进行评价，各小组成员进行互评，加上教师评价形成每个学生的活动评价。

课题 2　帮助身边的老年人

（一）活动时长建议

建议本课题利用课外 2 周（可以根据情况分散安排），课内 2 课时（制订方案、总结交流各 1 课时）完成。

（二）活动设计意图

本课题栏目设计符合社会服务活动各关键要素的要求。

制订服务计划。服务计划的制订是建立在前期研究活动基础之上的，进一步引导学生了解社区需要帮助的老年人的实际情况，进而确定服务对象，根据服务对象的具体情况确定服务的内容，这些是制订服务计划必须掌握的信息。资源包给出了一个"小组助老服务计划"样例，设计了一些栏目，提示学生服务计划的基本内容。

学习服务技能。每位需要帮助的老年人需要帮扶的内容不同，作为中学生不一定掌握这些基本的服务技能。资源包用一段文字描述了老年人的需求，提示学生根据老年人的需求，学习相应的服务本领。结合学生年龄特点以及老年人身体、生活实际，资源包设计了电子血压计的使用和网上购物基本流程两方面的内容，引导学生从实际出发，从服务对象生活最基本的需求出发，掌握基本的服务技能。

开展服务。资源包本部分设计了"爱心助老志愿者活动"和"老年人上网及网上购物宣传培训活动"两个活动。第一个活动把助老活动与青少年比较熟悉的志愿者活动结合起来，设计了"服务活动记录"表格引导学生随时做好服务记录，提醒学生提升服务质量，做好服务评价。第二个活动是根据老年人出行不便的困难，考虑到网上购物能解决老年人日常生活购物的需求，给出表格，引导学生帮助老年人掌握网上购物的基本方法。

分享与反思。该部分通过提出几个问题，提示学生反思的基本维度；设计了记录的表格，帮助学生梳理记录反思的内容。

再次服务。该部分意在提示学生，服务老年人不是一两次就能完成的活动，建议建立长期的服务关系。

（三）具体实施建议

1. 活动准备阶段

做好社区服务对象的调查活动，了解老年人的帮扶需求，结合学生实际情况确定服务对象。

2. 活动实施阶段

各小组间充分交流前期活动中发现的老年人需要帮扶的基本内容，全班进行讨论汇总，各小组提出拟定服务对象和服务内容，讨论完善服务计划。各小组在班级内交流、论证服务计划，主要是从可行性方面进行论证，如服务对象的需求情况、学生服务能力情况等，避免"假、大、空"的服务活动。各小组计划制订完成后，根据服务内容，确定所需学习的服务技能。教师可以引导学生通过多种渠道来学习，如上网收集、向父母学习、向专业人士请教等。基本完成学习任务后，可以在班级内模拟演练，强化技能。做好准备并与服务对象进行沟通、获得许可后，就可以开展服务活动了。活动的开展建议以小组为单位进行，以确保服务质量和学生安全。服务过程中教师要密切跟踪，及时征求服务对象意见，可以根据实际情况调整服务计划，每小组最好安排一名指导教师全程参与小组活动。

3. 总结与交流阶段

服务活动结束后，及时引导学生开展总结、评价。根据实际需要可以确定长期服务对象，由班级集体做好后续的服务活动。

课题3　我为老人做设计

（一）活动时长建议

建议课外2周，课内3课时（确定方案、方案论证、作品展评各1课时）完成。

（二）活动设计意图

创意设计。设计了"收集资料""我的设计"两个小栏目。用一小段文字启发学生资料收集的主要内容，给出了一个"带放大镜的笔"的小资料，启发学生围绕老年人生活不便来收集资料，为设计活动做好准备。"我的设计"栏目给出了"多功能手杖设计""滴眼药工具设计"两个备选方案，并提供了一个开放性的选择——"创意无限"，为不同水平的学生提供设计空间，可以自行确定创意设计项目。

准备材料。用文字和图片的方式引导学生掌握基本的金工、木工加工工具的使用方法及常用材料的选择方法。也提示学生可以运用3D打印技术制作模型，为制作活动做好准备。

动手制作。设计了两部分内容，一部分引导学生采取传统加工技法制作手杖；另一部分引导学生利用3D打印技术打印楼房加装电梯的模型。

展示交流。设计了"金手杖"评比活动以及其他作品的展示评比活动。"金手杖"评比活动与前面的内容相呼应，通过文字叙述对如何开展以及注意事项做了说明。资源包给出了一幅创意手杖的图片，对学生进一步启发，同时也活跃了版面，增加了阅读兴趣。

反思改进。本部分提示学生吸取同伴作品的优点，听取同伴的改进建议，进一步完善作品。

（三）具体实施建议

1. 活动准备阶段

教师引导学生梳理前期活动过程中发现的问题，为创意设计主题的确立做好准备；教师准备创意设计的资料，指导学生学习创意设计的基本技法。

2. 活动实施阶段

活动实施过程中，创意设计主题的确立、方案的优化以及动手制作既是重点又是难点。对于初中生来说，可以采取模仿的方式来降低创意设计的难度，具体做法是：收集关于老年人的创意作品，分析其创意设计要解决的基本问题，也就是创意目的；学习其解决问题的方法，也就是如何把创意目的转化成具体作品的；了解其创意设计的基本原理，也就是创新方法，提升创意设计的能力。围绕一个具体的问题，如多功能手杖照明问题的解决，展开讨论，提出多种解决方案，然后对多种方案进行评估论证，实现方案的优化。以点带面让学生学会方案优化的基本思路和办法。学生动手能力不足的问题，可以结合社团活动有意识地增加培养动手制作能力的项目，从最简单的文具盒制作、电子门铃制作等开始练习，提升动手实践能力。

3. 总结交流阶段

指导学生设计"金手杖"评价量表，引导学生利用量表（量规）来评价作品，提升学生评价创意作品的能力。

课题 4　走进敬老院

（一）活动时长建议

建议课外 1 周，课内 2 课时（制订计划、总结交流各 1 课时）完成。

（二）活动设计意图

实地考察　了解岗位。本板块主要包括两部分内容，一部分引导学生采取跟岗见习的方式了解敬老院工作人员的主要工作，同时，编排一个小资料"敬老院服务的主要内容"，进一步帮助学生梳理实地考察的内容，为学生选择具体工作岗位做好准备。另一部分，设计了"我的岗位体验方案"表格，明确了岗位体验方案的大体框架。框架作为一种指导和规范，引导学生根据自己所选岗位设计体验方案。

实际体验。本板块给出了敬老院最常见的两个工作岗位：护士、保洁员，进一步帮助学生确立实习岗位，为没有具体岗位的学生提供了选择。学生在走向岗位之前还可以通过模拟演练方式，熟悉工作岗位，进一步提升岗位工作能力。

总结反思。设计了两部分内容，一是"我与老人的故事"演讲比赛活动，通过本活动把学生在前期活动中的实际体验和感受用文字叙写下来，采取演讲比赛这种学生比较喜欢的方式进行交流和展示。另一部分是引导学生反思岗位实践的体验，同时，引导学生加深对于岗位的认识，提升职业意识，为将来职业选择打下一定的基础。

（三）具体实施建议

1. 准备阶段

在准备阶段，教师和学生一起做好活动资源的调查，如当地是否有适合学生实践的养老机构，如有必要可以让学校出面建立相对固定的学生实践基地。指导学生选择适合的岗位，充分了解岗位工作性质和任务，制订详细的计划。上岗前一定要做好岗位技能的学习，如岗位专业要求较高，可以适当减少岗位工作内容，确立适当的工作任务。强调工作纪律和岗位安全，确保不出安全责任事故。

2. 实施阶段

教师要做好监督和指导工作，随时发现问题、解决问题，提醒学生顶岗实习要做到"眼勤、脑勤、嘴勤"，多看、多思、多问、谨慎动手，严格遵守实践单位工作纪律、工作流程，遇突发情况要及时汇报，不要擅作决定。建立流动巡岗制度，及时发现存在的问题；建立每天交流评价制度，及时评价，促进活动有效实施。

3. 总结与交流阶段

可以采用资源包提供的活动，如开展演讲比赛活动。要充分引导学生做好岗位体验的总结和评价，让每个学生在小组内谈职业体验的收获、困惑和发现的问题，以及实践活动前后对于同一职业认识的改变。引导学生交流自己对未来职业的畅想，激发学生认识自我、积极进行职业规划的意识。做好生成性问题的梳理和总结，由老龄化问题拓展开来，激发学生关注国计民生、关心国家大事的情感，指导感兴趣的学生继续做好实践和研究活动。

在四个课题之后，资源包设计了"主题评价与拓展"板块，意在引导学生进行多元化的评价，设计了自我评价、同学评价、老师评价和家长评价，尤其是"家长评价"的设计，进一步凸显评价的多元化，也提示学生参与社会实践要和家长多沟通、多交流，获得家长的支持、指导和监督。"拓展延伸"部分，设计了两个方面的进一步开展研究的课题，启发学生总结活动过程中发现的新问题，生成新的研究主题，把活动引向深入。

五、活动样例 ＞＞＞＞

【活动主题】×× 社区无障碍设施调查

【活动目标】

1. 通过网络收集、访谈、实地考察，了解无障碍设施的相关知识，提升信息的收集和加工能力；进一步了解社区无障碍设施设置现状，了解老年人生活现状以及造成生活不便的原因。

2. 通过设计"社区无障碍设施设置方案"，基本掌握绘制草图表达设计的方法；进一步提升访谈、实地考察活动方式的实践能力，提升人际交往能力。

3. 培养关注老年问题、关注弱势群体的意识和情感；通过资料收集、绘制"社区无障碍设施设置方案"，培养严谨的治学态度。

【活动准备】

师生收集无障碍设施的相关资料；教师做好课题资源情况调查，做好学情分析，如学生居住社区分布情况、对无障碍设施相关信息的掌握情况、过去参与类似活动情况等；教师制作多媒体课件。

【活动过程】

1. 创设情境，引入课题

活动一：教师通过做游戏，让学生背负沙袋模拟老年人上下楼梯等活动，体会老年人生活的不便，让学生谈谈游戏心得。

活动二：教师播放在小区拍摄的无障碍设施照片以及在网络上收集到的无障碍设施的图片，让学生说出这些设施是什么，有什么作用？启发学生认识无障碍设施以及使用情况。

2. 分组研讨，制订计划

活动一：小组划分。给出课题，引导学生根据居住小区就近原则分配小组。对于没有加入小组的学生，协商加入各个小组。学生通过讨论给自己的小组命名，选出小组长。

活动二：小组设计方案。每小组根据居住地就近原则确定调查的地点，商议设计要调查的具体问题，小组协商拟定调查方案（计划）。教师可以提供以往学生制订的调查计划让学生参考制订本小组的调查方案。

各小组交流方案，师生评议，修改完善方案。对学生提出的实地考察、访谈等活动的相关问题，如问卷设计注意事项、访谈提纲设计等进行指导。

3. 实施计划，开展调查

开展调查活动。安排课余时间开展活动，时长 1 周。学生根据小组方案开展活动，教师选择 1~2 个小组，参与调查，跟踪指导活动。教师及时调度各小组计划执行情况，帮助协调、解决遇到的问题，提醒学生按照方案要求按时完成阶段任务，注意收集过程资料，注意安全。

4. 整理资料，形成报告

各小组在完成社区实地考察的基础上，整理汇总，分析资料，对于自己预设要解决的问题给出答案或者解释。编写调查报告时，教师引导学生注意报告的格式。此外，制作演示文稿、手抄报、展板等，做好展示交流准备。

【活动评价】

展示交流活动，可以和小组活动情况的评价一并进行。注意评价时要听取各小组意见，对于学生个人的评价，要建立在小组评价的基础上。评价的内容既要看调查报告的编写情况，也要看过程表现，如小组合作情况、遇到问题时的解决情况、过程资料收集情况。

【活动拓展】

在社区无障碍设施调查活动过程中，学生可能会发现一些问题。如无障碍设施缺乏，可以引导学生向政府有关部门提出建议，也可以开展无障碍设施设计制作活动，开展爱护、使用无障碍设施的宣传活动，还可以开展助老帮扶活动等。

六、参考资料

我国人口结构及老龄化现状

国家统计局 2018 年 1 月 18 日发布最新老年人口统计数据。

2015 年末，我国 60 周岁及以上人口 22200 万人，占总人口的 16.1%，65 周岁及以上人口 14386 万人，占总人口的 10.5%。

2016 年末，我国 60 周岁及以上人口 23086 万人，占总人口的 16.7%；65 周岁及以上人口 15003 万人，占总人口的 10.8%。

2017 年末，我国 60 周岁及以上人口 24090 万人，占总人口的 17.3%，65 周岁及以上人口 15831 万人，占总人口的 11.4%。

2015 年末至 2016 年末，60 岁以上人口增加 886 万，65 岁以上人口增加 617 万；2016 年末至 2017 年末，60 岁以上人口增加 1004 万，65 岁以上人口增加 828 万。

以上数据显示，我国老龄化速度在明显加快，2017 年多增长了 200 多万 65 周岁以上的老年人口。

主题二　秸秆和落叶的有效处理

一、主题设计思路　>>>>

　　本主题是参考《纲要》7~9 年级考察探究活动推荐主题"秸秆和落叶的有效处理"设计的，同时也是落实环境教育和安全教育相关文件要求，通过引导学生调查了解焚烧秸秆和落叶的危害，旨在提高学生保护环境的意识和社会安全责任意识。当前，农村地区的秸秆处理问题和城市的落叶处理问题普遍存在，露天焚烧秸秆和落叶不仅污染空气，还容易引发火灾，对社会生产和人们生活造成严重危害。为此，各地都制定了相应的法规加以禁止。这些秸秆和落叶到底应该如何处理？本主题重点引导学生通过开展实践活动，自己探索处理秸秆或落叶问题的有效途径，凭借已有的知识和能力解决现实生活中的问题。

　　秸秆和落叶的处理既是一个与自然环境相关的问题，又是一个与社会相关的问题，在活动中学生要应用自然科学的原理，探索合理利用秸秆和落叶的有效途径，同时也要从安全防火以及相关法律法规执行的角度关注身边的社会现象，为解决社会问题做出贡献。通过本主题的活动，重点培养和提高学生的科学精神和社会责任意识。

　　九年级学生已具有较为丰富的物理、化学和生物知识，较好地掌握了科学研究的基本方法，能比较规范地开展各项调查研究活动，并且能自己设计、完成科学研究实验，这些都是本主题活动能够顺利开展的基础。秸秆和落叶的处理是学生现实生活中的常见问题，学生对此应该是有所了解的，但这些现象通常没有引起学生过多关注，也很少有学生专门思考过相关问题，因此需要教师适当创设情境，引发学生的关注。

　　围绕秸秆和落叶的有效处理可以开展的活动很多。学生可以调查焚烧秸秆和落叶屡禁不止的原因，可以设计实验探索处理秸秆和落叶的有效方法，可以了解秸秆和落叶综合处理的措施等。资源包中设计了一个综合主题，包括"秸秆和落叶处理现状调查""用秸秆或落叶制作手工艺品""秸秆和落叶的综合利用宣传"三个课题。其中，"秸秆和落叶处理现状调查"的主要活动方式为考察探究活动，重点引导学生调查当地秸秆和落叶处理过程中存在的问题，走访有效处理秸秆或落叶的机构，并且开展探究实验，分析焚烧秸秆和落叶的危害，探索有效处理秸秆和落叶的方法或措施。"用秸秆或落叶制作手工艺品"的主要活动方式是设计制作活动，是在考察探究活动的基础上，进一步引导学生开展设计制作，充分发挥学生的创意用秸秆或落叶制作工艺品。"秸秆和落叶的综合利用宣传"的主要活动方式为社会服务活动，引导学生用他们在考察探究活动和设计制作活动中取得的成果向社区居民进行宣传推广，号召更多的人关注秸秆和落叶的处理问题。

二、主题目标

1. 在"秸秆和落叶处理现状调查"活动和"秸秆和落叶的综合利用宣传"活动中培养良好的合作意识，严谨认真、勇于创新的科学精神，主动关注环境问题，提高环境保护意识和社会责任感。

2. 在调查当地秸秆处理情况的活动中，提高沟通合作的能力；在探索处理秸秆和落叶有效方法的活动中，提高设计和开展科学实验的能力，以及综合分析问题、解决问题的能力；在用秸秆或落叶制作工艺品的活动中，提高创意物化和动手操作的能力。

3. 通过调查和实验，认识秸秆和落叶处理不当的危害，学习并初步掌握设计对比实验、进行科学探索的方法，以及实地考察、调查、资料分析等常用研究方法。

三、主题实施建议

本主题是一个综合主题，包括考察探究活动、设计制作活动和社会服务活动，建议教师按顺序开展三项活动，也可以根据实际情况选择其中一项或几项活动开展。例如，单独开展考察探究活动（秸秆和落叶处理现状调查）或者是设计制作活动（用秸秆或落叶制作手工艺品）。社会服务活动的开展需要学生对秸秆和落叶的处理有一定的了解和基础，这样才能更好地进行宣传和服务，因此建议社会服务至少是在考察探究活动或设计制作活动其中一项的基础上进行，不建议单独开展"秸秆和落叶的综合利用宣传"的活动。

秸秆和落叶的问题就发生在学生身边，因此教师在创设活动情境时不仅要为学生提供一些背景资料，还应引导学生认真观察身边的事物和现象，从中感受并发现问题，从而促进学生参与活动的积极性和主动性。以下几种具体的方法和措施可供教师在创设情境时参考：教师可以拍摄一些秸秆和落叶造成各种环境问题的照片，展示给学生，然后引导学生进行讨论，从中发现并提出问题，进行探索和实践；焚烧秸秆和落叶的问题时有发生，因此到相应的时节，教师可以有目的地关注并收集这方面的信息，当作背景资料提供给学生，引导学生从中发现问题，然后再结合身边的实际情况进行讨论、设计并开展活动；在夏收季节或秋季树叶大量飘落的时节带学生到校园、街道或学校周边的农田进行实地观察，引导学生通过认真的观察与思考，自主发现并提出关于秸秆和落叶处理的问题。

秸秆和落叶的问题在各地表现不完全一样。秸秆问题主要在农村地区，且因为秸秆的种类不同，处理的难度及其造成环境问题的严重程度也各不相同。落叶的问题主要在城市表现较为突出，尤其是北方落叶树较多的城市，问题比较突出。秸秆和落叶的妥善处理问题很复杂，既有技术问题，又有观念问题，还有环境问题，对学生来说有一定的挑战性。因此，建议教师指导学生围绕秸秆和落叶处理问题，让学生选择具体的内容作为此次学生活动的主题，开展活动时还需要进行充分论证活动的可行性及价值意义，并对活动进行精心地规划和设计，这样才会使活动开展得更深入。在学生开展秸秆和落叶处理的活动时，可以考虑全班学生共同选择一些大家认为可以完成的活动，然后在教师的指导下逐一完成；也可以考虑各小组学生选择不同的活动内容，分头开展活动，然后再进行汇总和交流。此外，在开展活动时，还可以考虑不同的班级在教师的指导下完成不同的活动。

秸秆和落叶的处理不仅是一个社会问题，也与当地的环境保护问题密切相关。因此，秸秆和落叶处理活动的开展可以与学校的环境保护教育活动、科普教育活动相结合。还可以在环保专家的指导下，成立专题研究的项目组，向当地的社会公益组织或相关部门申请小额的项目资助，以促进活动开展得更加顺利和深入。本主题活动安排在九年级第一学期，主要是考虑秋季正是树木落叶的季节，适合开展关于落叶处理的活动。如果学校地处农村地区，需要开展关于秸秆问题的探索和实践，则可以将此活动安排在需要处理秸秆的季节。

对学生活动的评价应贯穿活动始终，不同的活动方式，评价的内容和重点也有所不同，资源包中每个活动都有相应的评价建议和提示。"秸秆和落叶处理现状调查"活动重点对学生的研究报告和研究收获进行评价；"用秸秆或落叶制作手工艺品"活动重点从创意、实用性和外观制作等方面对学生制作的工艺品进行评价；"秸秆和落叶的综合利用宣传"活动重点对学生开展服务的态度和效果进行评价。教师在指导学生开展活动前，要提醒学生了解评价的重点，在活动过程中要注意记录和收集过程性资料，做好活动的写实记录，为评价提供依据。在活动结束后，根据记录开展多元评价和整体评价。

"拓展延伸"当中为学生提供了两个继续开展活动的思路，一是关注秸秆和落叶处理的新技术和新方法，二是探索处理废旧物品、有效利用资源的方法和途径。教师可以提示对本主题感兴趣的学生继续开展相关的实践和探索。此外，教师还可以启发和提示学生自己寻找更多感兴趣的拓展延伸主题。

四、各课题设计意图及实施建议　>>>>

课题1　秸秆和落叶处理现状调查

（一）活动时长建议

如果自始至终完成本课题中设计的各项活动，需要较长的时间。其中，实地考察和调查的活动需要1~2课时，资料收集活动大约需要1课时，最终的整体方案设计需要1课时。而实验研究活动需要的时间更为长久，主要原因是实验需要持续较长一段时间才能使落叶得以分解，或者是饲喂的小动物生长情况有所变化。因此，实验的时间可能需要1个月至半年的时间。当然，在实验的过程中，教师可以提醒学生定期做好观察记录，同时还可以再开展其他方面的活动。

（二）活动设计意图

本课题内容设计的活动较多，首先学生需要查阅相关资料了解秸秆和落叶处理的方法以及存在的问题；然后，学生要进行实地考察、问卷调查、访问、实验等多项研究；最后才能根据前期研究的情况，设计秸秆和落叶综合处理的方案。学生在通过查阅资料和调查后，会发现实际问题的严重性，从而更加积极努力地投入到处理秸秆和落叶的实验及探索活动中。学生在前期的资料收集和考察调查活动中也会对秸秆和落叶的问题有更多了解，不仅能够认识到解决这些问题的意义和价值，同时也会了解到其他国家和地区处理秸秆和落叶的一些先进经验和方法，从而为妥善处理当地的秸秆或落叶问题提出建设性意见。

（三）具体实施建议

1. 准备阶段

由于本课题活动内容较多，教师在指导学生开展活动前先要对各项内容进行讨论，分析是否有可能完成这些活动，从中选择一些适合在本地区或本学校开展的活动，制订出详细的计划，做好准备后再开始按计划实施。

2. 实施阶段

实地考察。进行实地考察前，教师应指导学生共同分析在实地考察时重点观察的内容是什么，需要记录哪些信息以及如何记录等，做好充分准备后再外出考察。考察时每个组最好能带一个照相机，以便发现问题随时拍摄。

开展调查。调查的主要目的是了解焚烧秸秆和落叶的现象，但是调查的过程中也可以多方面收集信息，不一定局限于焚烧的问题。同时，如果有可能，教师应指导学生从多方面开展调查，了解更多具体的问题，例如焚烧秸秆和落叶屡禁不止的原因到底是什么，是不是仅仅是为了图省事，等等。帮助学生更加全面、深刻地认识这些问题。

收集资料。为便于学生查找和整理资料，资源包中列举了一些问题，供学生查阅资料时参考。教师应提醒学生注意，查阅资料的范围不要局限于书上所列的内容，可以更加广泛地收集自己认为有用的资料。

整理与分析。在对收集到的资料进行整理和分析的过程中，教师应提醒学生注意活动的重点在于分析，而不是罗列大家收集到的资料。教师要指导学生对资料中的信息加以分析，从中找出适合本地区秸秆和落叶处理的方法，为后续活动做准备。

实验研究。资源包中只是提供了两个实验的思路，具体的实验方案还需要教师指导学生在查阅了一定的资料后，自己进行设计。在实验前，教师要先向学生说明科学实验设计的基本要求，指导学生设计出科学、合理、可行的实验方案，然后再进行实验。

设计方案。学生在设计秸秆和落叶综合处理方案时，教师要提示学生充分考虑当地环境、资源和生产生活的实际情况，选择合适的方法，确保制订的方案合理、可行。

3. 总结与交流阶段

秸秆和落叶的处理问题不仅与学生的生活有关，也与当地的居民密切相关。因此，在总结和交流阶段，教师应指导学生将自己的研究成果充分交流，并且根据其他同学和老师提出的意见修改完善，为向管理部门提交建议或在社区进行宣传推广做好准备。

课题 2 用秸秆或落叶制作手工艺品

（一）活动时长建议

本项活动用 2~3 课时可以完成，第 1 课时主要让学生进行创意设计，第 2~3 课时用于学生的作品制作、展示交流及评价。

（二）活动设计意图

前面的考察探究活动主要是从科学和实用的角度引导学生采取措施，使秸秆和落叶既不再占用空间又能得到有效利用。本项活动重点引导学生从另外一个角度思考秸秆和落叶的处理问题，也就是将秸秆和落叶制作成为各种手工艺品，用来装点生活，增添生活的情趣。通过此项活动培养学生的创新精神和动手实践的能力，提高学生创意物化的能力。

（三）具体实施建议

1. 准备阶段

如果没有开展课题 1 中的活动而直接进入课题 2，建议教师在活动前引导学生通过查阅资料了解一些关于焚烧秸秆和落叶的危害方面的资料，使学生理解活动的目的和意义。如果是在课题 1 的基础上开展活动，建议教师自己尝试制作一些手工艺品，或者是收集一些用秸秆和落叶制作的手工艺品向学生展示，激发学生的活动兴趣。在此基础上，每个小组确定具体小课题、制订各自的活动计划。

2. 实施阶段

（1）创意设计

建议教师引导学生对收集到的资料进行分析，讨论资料中的各种手工艺品具有哪些特色，并且思考怎样在此基础上有所创新，避免学生在制作过程中单纯模仿，通过此项活动培养学生的创新精神。资源包中提供了两个创意设计的方向：用秸秆编制工艺品、用落叶制作贺卡和贴画。

在农村，能用秸秆编制草帽、草鞋、草席、草包等生活用品的能人很多，教师要充分利用当地的人力资源来指导学生编制。秸秆质地较软，很容易加工，在加工的过程中，教师要提醒学生使用各种刀具时注意安全。用秸秆不仅可以制作一些有装饰价值的工艺品，还可以制作一些具有实用价值的生活用品，如扫帚、盖帘等。此外，还可以引导学生尝试利用秸秆制作各种教学模型和学习用具等。在制作的过程中，教师应引导学生交流经验、开阔思路，使学生的作品更具创造性。

用落叶制作贺卡既可以体现学生的一番心意，又能减少纸质贺卡的使用，有利于环保，因此可以结合学校的环境教育活动进行，将学生制作的落叶贺卡在学校中展示并向全校学生推广。叶脉书签和树叶贴画是学生手工制作中常见的内容，教师可以收集相关资料，引导学生开展相应的活动。此外，教师还可以引导学生将比较完整的落叶收集起来进行处理后加工成标本，用于学习辨认各种植物，使之成为学生的学习资源。

除了这两个设计方向，教师还可以启发和引导学生思考更多的创意设计方向，而不是局限于这两个思路。

（2）准备材料

制作材料要提前准备，在开展本主题活动之初，教师就要引导学生注意收集各种秸秆和落叶用于作品的制作。如果要用落叶制作贺卡，需要将收集到的落叶进行处理，确保落叶平整，可以提示学生向生物教师询问落叶处理的方法。

（3）动手制作

动手制作是本活动的落脚点，在经过创意设计和准备工作后，教师要指导学生按照自己的创意精心制作作品。在制作过程中，教师要随时发现问题，及时给予指导。

3. 总结与交流阶段

在这个活动中，学生能制作出大量的工艺品及其他的实物作品，因此建议在总结和交流阶段举办一次小型的展览会，让学生展示和介绍各自的作品，并且向全校同学进行推广。学生在展示作品的同时，可以收集其他同学和教师的建议，在此基础上，对自己的作品进行修改和完善。

课题 3　秸秆和落叶的综合利用宣传

（一）活动时长建议

秸秆和落叶的综合利用宣传活动需要 2 课时完成。其中，第 1 课时主要用于学生根据前期调研的结果分析需求，制订宣传计划并学习相关的服务技能；第 2 课时用于学生开展服务活动后进行分享和反思。社区宣传活动放在课外时间开展。

（二）课题设计意图

学生通过考察探究活动和设计制作活动可以形成多项成果，为了使学生的活动成果让更多人了解，并且发挥更大的作用，教师可以指导学生开展社区宣传活动。学生在宣传活动中，可以结合他们在调查中发现的实际问题，宣传焚烧秸秆和落叶的危害，宣传和推广他们设计的秸秆和落叶综合处理的方法，还可以展示他们设计制作的手工艺品。通过开展社区宣传，不仅可以促进当地居民更好地参与秸秆和落叶的有效处理，而且能够让学生感受到自己开展研究的价值和意义，提升学生的社会责任意识。

（三）具体实施建议

1. 准备阶段

学生通过开展调查和制作活动，对于秸秆和落叶的处理和利用应该有了比较深入的了解。在此基础上，引导学生走进社区开展宣传活动，首先要引导他们分析当地处理秸秆和落叶存在的实际问题，从而确定宣传的重点内容。在开展宣传活动前，学生还应根据社区的实际情况，制订相应的服务计划，与社区管理人员进行沟通，确定宣传的时间、地点和形式。此外，学生还需要学习相关的知识和技能，如了解相关的法律法规以及相关的背景知识。学生可以根据宣传的内容制作展板、宣传资料、倡议书等，还可以准备一些秸秆和落叶，指导社区居民制作简单的手工艺品，为宣传活动做好多方面的准备。

2. 实施阶段

按照制订好的计划，学生在社区中开展服务活动。教师应全程参与学生的服务活动，在学生遇到问题时，随时进行协调和指导，确保活动顺利完成。在学生服务的过程中，教师要随时关注学生的表现以及社区居民的反馈，并且提示学生做好相关记录，作为活动评价的依据。

3. 总结与交流阶段

学生服务活动之后，教师应安排学生分享他们活动的收获，交流服务的经验，并且对自己在服务中的表现进行反思，为再次开展类似的服务活动做好准备。

五、活动样例

【活动主题】让落叶归根——建立校园落叶堆肥栏

【活动目标】

通过建立校园落叶堆肥栏，开展校园落叶堆肥实验，引导学生探索有效处理校园落叶的方法，培养学生设计完成实验、动手操作、分析和解决问题的能力，提高学生保护环境的意识和勇于探究的精神。

【活动背景】

秋天到了，校园里树叶纷纷落下，洒满了操场和小路。我正在欣赏这美丽的景色，就听到有几个同学惊呼："天啊！又落了这么多树叶，咱们到上课也扫不完！"我回头一看，发现是几个做值日的同学在清扫班级的卫生区。这时我才突然意识到，原来眼中这些美丽的落叶居然会变成一件令人烦恼的事情。第二天上学的路上，我又发现了一件与落叶有关的麻烦事：学校周围社区的保洁人员为图省事，将扫成一堆的落叶点燃，焚烧产生的烟雾四处弥漫，不少人经过时被呛得直咳嗽。我用手机拍下了那堆散发着浓烟的落叶。

【活动准备】

课上，我先播放了几张秋天满地落叶的风景照片，然后又把我拍的那张照片展示给同学们看，引起了同学们的强烈反响。有些同学觉得落叶确实很美，如果能不扫走就好了，也有的同学说他也深受焚烧落叶之害。还有一位同学提出："总说落叶归根可以再为植物提供养分，但是现在落叶都被扫走了，还怎么归根呀？"经过一番讨论，同学们决定开展一次关于落叶的综合实践活动。

接下来的问题是探索落叶哪方面的问题好呢？同学们关注的问题各不相同，一时间争执不下。我提示大家可以先查阅一些资料，看看关于落叶有哪些值得关注的问题。在我的建议下，同学们开始收集资料，很快发现焚烧落叶确实有很多危害，而将落叶清扫运走，似乎也不是理想的办法，那到底该怎么办呢？最后，有一位同学找到一份资料，里面介绍了一种处理落叶的好办法——建立落叶堆肥栏，等堆积的落叶腐烂之后再用作树木的肥料，这样既保证了环境的整洁，又可以再次利用资源，真正实现了"落叶归根"。同学们对这个办法很感兴趣，想要在学校里进行尝试。这样，我们这次活动的主题也就确定下来了——建立校园落叶堆肥栏。

【活动过程】

1. 制订活动计划

活动主题确定之后，同学们进一步收集了有关焚烧落叶可能造成的危害的资料，指出焚烧落叶不仅污染空气，容易造成火灾，同时还是一种违法的行为。然后，各小组又分头在学校周边的社区连续开展了一周的观察和记录活动，发现一周当中社区中共发生了 11 次焚烧落叶的情况，对社区环境和居民的生活造成较大的影响。

同学们将前期调查研究获得的资料进行了整理，制订了一份比较详细的计划，说明焚烧落叶的危害和当前社区焚烧落叶问题的严重性，提出要在校园建立落叶堆肥栏，实验成功后再逐渐向社区推广，并指明实施这项计划的价值。学校领导看到这份内容翔实的计划后，认为这项活动很有意义，欣然同意了同学们的计划。

2. 学校落叶堆肥实验

由于事先征得了学校的同意，同学们的活动开展得还算比较顺利。学校按照同学们的建议，在校园的一角搭建了一个落叶堆肥栏。堆肥栏用木条钉成，长 5 米，宽 3 米，高 1.2 米，栏内铺了一层塑料布，为了避免收集的落叶随风飘散，还在堆肥栏上面加了一个盖子。

参加活动的同学写了一份倡议书，在校园广播中号召全校同学做值日时将落叶送到堆肥栏中，而不再倒入垃圾箱。为了保证大家能够按要求堆放落叶，活动小组的同学还轮流在早晨和下午值日的时间值班，帮助同学们堆放落叶，最后将盖子盖好才放心地离开。

3. 堆肥实验效果

落叶飘零的季节很快过去了，在短短的 1 个月左右的时间里，堆肥栏已经被反复填压了几次，才终于容纳下大家收集的落叶。冬季过后，天气逐渐转暖，同学们打开堆肥栏时，发现只有底层的落叶基本上腐烂了，上层的还有相当一部分没有腐烂。

经过初次实验，同学们认为建立堆肥栏收集落叶的办法还是可行的，但是还需要进一步开展实验，了解将腐叶用作肥料的效果，并且探索加快落叶腐化降解的方法。

4. 展示与交流

经过一个学期左右的活动，同学们总结了活动的初步成果，撰写了一份简单的研究报告，向学校进行了汇报。此外，大家还召开了一次讨论会，交流各自在活动中的感受，并且共同商议进一步活动的计划。

【活动评价】

本次活动我引导学生重点从以下几个方面进行了自我评价和学生互评：

1. 参与活动的态度是否积极主动，严谨认真；

2. 活动记录是否清晰完整；

3. 实验方法是否科学规范，研究报告是否思路清晰，内容完整。

【活动拓展】

经过讨论，同学们计划继续开展以下三个方面的活动：

1. 用那些还未腐烂的落叶开展实验，探索加快落叶分解的方法，如提高温度、湿度，加入一些蚯蚓或者添加一些土壤微生物等。

2. 把已经腐烂的落叶掺入土壤当中，进行对比种植实验，了解腐化的落叶对植物生长的影响。

3. 编写宣传材料，并策划一次宣传活动，在秋季到来时向社区居民宣传，号召大家不再焚烧落叶，共同参与同学们的落叶堆肥活动。

六、参考资料 >>>>

农作物秸秆的综合利用

我国各类农作物秸秆资源的合理回收加工，可归纳为"4F"路线：即 Fodder（饲料），Fuel（燃料），Fertilizer（肥料），Feed Stock（工业原料），研究人员称其为"四料"。在"四料"的转换利用中，饲料、燃料利用及其转换技术仍然是主要领域。

1. 秸秆饲料加工

近年来随着我国经济的快速发展，人们生活水平的提高，人们的饮食结构发生了较大的变化，对禽、蛋、奶的需求快速增长。这推动了养殖业的快速发展，为饲料加工行业提供了强大动力。国际上，畜牧业发达国家早已利用秸秆饲料进行养殖，并取得了良好的效果。

新型的秸秆块状饲料是采用先进的冷压成型技术，用饲料压块机生产的全新饲料。这种饲料呈块状，密度大，便于运输和储存，有很强的实用性。其加工通用的方法为：经铡切或揉搓后，再添加部分黏合剂和微量元素制成块或颗粒。这样一方面可提高粗纤维消化率 25%，适口性明显提高，采食量增加 30%～50%；另一方面经过机械揉搓和制粒前调质，有机物受热分解，化学成分发生变化，使秸秆中的纤维素、半纤维素和木质素的镶嵌结构部分受到破坏，利于瘤胃消化液的侵蚀渗透。另外，添加各种微量元素，能克服秸秆营养不足的问题；同时，秸秆压粒或压块后其密度增加 10 倍以上，有利于储存和降低储存中营养成分损失，减少运输量，储运成本降低 70%。因此，这是国内秸秆饲料处理的发展方向。

许多农作物秸秆均可生产块状饲料。营养较好的，如大豆秸秆、花生蔓、谷草、玉米秆、小麦秸、甘蔗渣等。但在北方，最实际的是玉米秸秆。我国北方牧区（如内蒙古锡林郭勒盟）每年冬、春季因缺少草料有大量的羊死亡。如用饲料块作冬储饲料，储运方便（可长期存放），价格便宜，可大大减少羊的死亡率。各大中城市养殖业（如奶牛、肉牛场）也是块状饲料的大市场，国内需求潜力很大。同时，在国际市场上，秸秆块状饲料亦十分畅销。据报道，日本每年进口块状饲料近百万吨，韩国和东南亚也都是块状饲料的进口大户。因此无论是内销节粮保畜，还是外销创汇，该技术都具有深远意义和广阔前景。

2. 秸秆发电

目前在我国电力结构中，火电比例超过了70%。经济快速发展带来的强大电力需求，让煤电双方不堪重负。发展水电（即使全部开发）也只是杯水车薪。核电、风电由于初期生产价格较高，建设周期相对较长，发展速度较慢。而国际能源机构的有关研究表明，秸秆是一种很好的清洁可再生能源，其平均含硫量只有0.38%，而煤的平均含硫量约1%。经测定，秸秆热值约为15000kJ/kg，相当于标准煤的50%。各种秸秆的热值如下表所示。

不同秸秆热值表

秸秆种类	麦类	稻类	玉米	大豆	薯类	杂粮类	油料	棉花
热值（kJ/kg）	14650	12560	15490	15900	14230	14230	15490	15900

目前在国际上，丹麦拥有的秸秆发电技术较为先进，且得到了广泛应用。以丹麦一家由丹麦国家电力公司投资建设的电厂为例，该厂采用秸秆发电技术和锅炉设备实行热电联产，年发电5000千瓦时，平均每小时仅消耗7.5吨秸秆，可为两个镇1万户、5万人口供应热和电。此外，农民每向电厂出售一吨秸秆，不仅能得到400丹麦克朗，还能免费得到电厂返还的40千克炉灰——这是很好的钾肥。整个秸秆资源得到了循环利用，几乎没有造成资源浪费和污染排放。

国际能源机构预测，到2020年，可再生能源在全球能源消费中的比例将达到30%。面对即将到来的可再生能源时代，各国正在迅速前进。丹麦的秸秆发电已达到总电力的24%。相比之下，如何加快中国的脚步、营造宝贵的能源优势，为经济的协调、可持续发展作长远打算，已不能不提上议事日程。

3. 秸秆气化

秸秆气化广义上又称为"生物质气化"，是指生物质在缺氧状态下燃烧，使生物质发生化学反应，生成高品位、易输送、利用效率高的气体燃料。生物质由碳氢化合物组成，在生物质气化的过程中经过热解、燃烧和还原反应，转化为一氧化碳和氢等可燃气体。目前，发达国家已将生物质气化技术及其产品用于工农业生产及居民生活，特别是西欧和美国已将气化技术广泛用于区域取暖、发电、炊事等诸多领域，有的已形成了较大的产业规模。

在国内，以山东省能源所为代表的农村秸秆集中供气系统得到较大的推广应用，建成供气工程约300家，总投资额达亿元以上；国内已有几十家单位从事农村秸秆集中供气装置的生产、销售。秸秆气化集中供气技术以农村大量的各种秸秆为主要气化原料；以集中供气的方式向农民提供炊事燃气或烘干粮食的热能。特别是新农村建设中，热切需要使用清洁能源，改变村庄卫生面貌，秸秆气化使农民由烧柴变为烧气，满足了农民对改善生活质量的要求，因而受到农民的欢迎和肯定。

根据上述秸秆气化原理建设的秸秆气化站由气化机组、燃气输配系统和用户燃气系统三部分组成，工艺并不复杂。秸秆经粉碎后入炉，生成的可燃气体经过净化器除去灰尘、焦油等杂质后，由风机送至气柜。气柜储存一定量的燃气，并平衡系统中燃气负荷的波动，为系统提供恒定的压力，从而保证用户灶具的稳定燃烧。气柜中的燃气通过铺设在地下的塑料管网就可以分配到系统中的每个用户，其综合热效率达40%以上，比直接燃烧秸秆10%的热效率要高出3倍多。秸秆气化技术可改善农村的能源结构，提高农民的生活质量，减轻因秸秆随意焚烧造成的环境污染，推动农村科技进步和可持续发展，其社会效益巨大。

4. 秸秆工业加工

随着国内快餐业的兴起，快餐包装盒的使用量越来越大。国家有关部门已限令从2000年10月30日起，在全国范围内禁止使用一次性发泡塑料餐具。因此，用农作物秸秆为原料生产一次性可降解快餐盒技术的推广前景美好。其主要制作方法如下。

使用玉米秸、高粱秆、棉秆、麦秸、稻草、谷壳类（包括稻壳、麦壳、谷糠及其他皮壳等）作为主要原料进行加工，加工的产品包括各种快餐盒、方便面碗、杯、盘、碟等。其工艺流程为：农作物秸秆→原料预处理→粉碎机粉碎→配比混合（加入黏合剂并搅拌）→定量给料→模压成型→表面涂胶→烘干→杀菌和消毒→成品包装。用秸秆加工生产的产品经国家有关部门检测，符合国家规定的质量指标，并且具有良好的降解性能，埋在地下不超过3个月即可降解。

同时，将秸秆粉碎后和助剂、稀料混合，注模成型，生产各种高密度和中密度板材，也可直接生产出复合地板、家具、厨房用具及带工艺性的浮雕门柱等模压制品，用这些材料生产出的产品具有阻燃、防潮、隔音、不变形、不开裂、强度高的优点。另外，秸秆还可用来生产新闻纸和减压包装材料，也可用于食用菌生产等方面。

主题三 中外文化对比

一、主题设计思路

　　随着改革开放的逐步深入，我们已经步入开放、多元、信息化的时代，中外文化交流越来越密切。在《中国学生发展核心素养》的"社会参与"维度中把"国家认同""国际理解"作为了主要内容。同时，《纲要》中明确提出"能主动分享体验和感受，与老师、同伴交流思想认识，形成国家认同，热爱中国共产党"的课程目标。开展中外文化研究是培养学生"国家认同""国际理解"的很好载体，因此，选择中外文化对比研究作为综合实践活动的主题，可以让学生在现有能力基础上，综合运用所学知识尝试分析、理解和尊重不同的文化现象，提高学生的综合素质，也凸显了德育为先的要求。通过活动开展有利于培养学生"四个认同"：对祖国的认同、对中华民族的认同、对中华文化的认同、对社会主义道路的认同。

　　九年级学生在现实生活中已经看到过或者接触过一些中外文化。初中生在英语、语文、历史课程的学习过程中、影视作品的赏析中以及现实生活中，对中外文化的差异有所体验，包括饮食文化、会面礼仪、宗教文化，等等。九年级学生已具有一定的抽象逻辑思维、创造性思维和批判性思维，交流能力、动手操作能力已形成，已具备了开展关于中外文化对比的基本学习能力。

　　由于中外文化的内容包罗万象，要对其进行比较是一件十分困难的事，比较的观点、角度不同，结论也会有很大不同。本主题根据九年级学生的认知特点和学习能力水平，为学生提供了两个课题："中外饮食文化的差异"和"中外建筑风格比较"，供学生选择和研究时参考。这里给出的参考课题是为了帮助学生突出研究的主题，但并不妨碍学生进行发散性思维，学生也可以通过参考课题的提示自己设计归纳出新的课题。资源包推荐的两个课题，基本都属于考察探究类的活动，也巧妙地融入了设计制作活动。学生采用资料收集、访谈、实地考察、模型制作、评价反思等方式开展活动，活动方式符合主题要求。在学生研究的过程中，教师应注意引导学生们通过对比中外文化，培养一种尊重、平等、宽容、开放的跨文化心态，客观、没有偏见的跨文化观念，培养跨文化交往、理解的能力。在本主题的最后，资源包围绕"中外文化"设计了一些评价、拓展活动，提示学生对活动进行合理评价，加深活动体验，也进一步提示学生可以拓展学习内容，对民族文化相互交融的现象及其对世界文化多样性产生的影响进行深入学习和探讨。这些活动符合"自主

— 22 —

性""开放性""实践性"等课程选择原则的要求,既有一定的社会科学理论作为基础,也带有一定理想建构的成分,旨在鼓励学生发挥自身的主观能动性,进一步深入开展中外文化对比的研究实践活动。

二、主题目标

1. 通过资料收集、访问、实地考察、制作等活动,培养学生的问题意识;提升理解中外文化在饮食、建筑、礼仪等方面的差异,树立国家、民族相互尊重、相互理解的思想意识,增强国家认同感。

2. 在收集资料、考察与访问、调查活动中,培养学生收集处理资料的能力、与人交往的能力;通过设计制作、美食大赛等活动,进一步提升创意物化的动手实践能力;通过展示交流环节的活动,提升表达、大胆质疑、自我评价的能力。

3. 通过收集资料、对比分析,初步了解中外文化的差异;掌握设计调查问卷、访谈提纲,开展实证性研究的方法。

三、主题实施建议

本主题的实施要结合当地课程资源情况、学生所在社区情况,因地制宜,创造性地实施。本主题给出的两个课题都属于考察探究类的活动,可以采取研究性学习小课题研究的基本活动步骤来实施。学生具体研究课题的确立,可以采用资源包提供的两个课题来组织实施,可以选择两个也可以选择一个,当然也可以根据学校实际情况,让学生在本主题的范围内自行确定研究课题。具体组织形式可以采取班级为单位实施,以 5~7 人的小组选择一个课题或者自拟研究课题开展活动,各小组围绕同一主题开展不同课题的研究,便于丰富主题的研究内容,提升主题的育人价值。活动方式的选择可以根据社区资源情况确定,如果学校处于城市,可以采取实地考察、访谈等活动方式为主开展活动;如果学校所在社区为农村,可以采取资料收集、模型制作、话题研讨等方式为主开展研究活动。

本主题活动的实施也可以采取与学校其他主题活动合并进行的方式开展,如研学旅行活动,在研学路线的设计上可以考虑涵盖中外饮食文化、中外建筑等特点鲜明的地域作为旅游目的地,把本主题作为整个研学旅行的一个主题与研学旅行活动的其他主题活动一并实施。

整个主题实施时间安排在 1~2 个月完成,时间安排分为课内集中学习和课外分小组活动两种形式,课内时间整个主题安排 9 课时左右,主要解决课题确立、活动计划拟定、方法指导、阶段评价、整理总结、展示评价等内容;如果选择一个课题进行研究活动,整个课题建议 1 个月内完成,课内安排 5 课时左右。

学生评价采取过程性评价与阶段性评价相结合的办法,把学生过程中的表现,如考勤、小组内分工完成情况、过程材料整理情况、课题成果情况、展示情况等纳入评价内容。课题的拓展延伸可以采用资源包建议的内容和形式,或采用学生研究活动过程中生成的相关问题，经过筛选提炼确定为下一步开展研究的主题或者课题；也可以通过分析学生活动过程中暴露的素养缺陷，如资料收集能力不足、实践动手能力不足、创新思维能力不足等具体情况，确立与本主题相关的课题加以实施，促进学生学科素养的全面形成。

四、各课题设计意图及实施建议 >>>>

课题 1 中外饮食文化的差异

（一）活动时长建议

建议用一个半月完成研究课题的各项活动。其中准备阶段的确定课题、分组及规划小组研究方案可用 1~2 课时在课堂上完成；实施阶段的收集、整理、处理资料，考察和访问当地的中外餐馆及厨师，饮食风俗调查，饮食健康访谈等活动分散在课外完成，期间根据情况可以安排 1~2 课时进行进度调度、解决遇到的困难等；美食大赛、总结交流及反思评价建议利用 2~3 个课时完成。

（二）活动设计意图

这个课题涉及的素材是学生在生活中相对容易观察发现的内容，开展这个课题的活动既迎合了学生的兴趣，也可以培养学生对生活现象深入思考的良好习惯。

"中外饮食文化的差异"课题设计了五项主要活动，分别是收集中外饮食差异的资料、实地考察、饮食风俗调查、饮食健康访谈和美食制作。这五项活动的创设目的在于让学生通过不同方式来了解和感受中外饮食文化的差异，逐步加深对饮食差异现象本源的理解。收集资料的活动引导学生针对中外饮食的历史、特色和典故等进行自主学习，帮助学生比较全面、具体地了解关于中外饮食的基本知识。考察和访问当地的中外餐馆及厨师的活动，帮助学生以专业人士的角度从中外餐饮食材选择、烹饪方法、饮食习俗、餐桌礼仪等方面了解差异问题，并通过学生在用餐中的切实体会进一步加深体验。饮食风俗调查、饮食健康访谈这两个活动都是贴合当前关于饮食对比的争议展开的，帮助学生多角度认识该问题。最后的美食制作可以升华学生在调查中所形成的情感，并增加活动的趣味及实践性，提升对中外餐饮文化的理解和认同。

九年级学生已经拥有较强的生活自理能力，在此基础上开展的烹饪活动可以帮助学生树立健康饮食观念。同时，学生的语言能力和逻辑抽象能力发展得也比较好，该课题设计的一系列活动可以帮助他们更好地发挥这些能力。

（三）具体实施建议

1. 准备阶段

（1）激发学生对于该课题研究的兴趣。可以召开一个以"中外饮食文化对比"为主题的小型班会；也可以用"美食图片大比拼"的活动来热身，让学生自己组成团队，对自己收集的图片材料进行介绍和陈述，或者开展一个小型的辩论会探讨中外饮食的优劣。

（2）分组并确定课题。在这个过程中，教师根据班级总体的分组和课题趋向来确定活动的组织形式，帮助全体同学确立组长、组员名单、分工职责等具体事宜，并进一步明确研究的课题。为了加强学生团队的凝聚力和合作精神，可以安排一个组队仪式，协助每个小队形成自己的领导核心和分工机制，并加强团体成员间的感情，明确每个成员的具体任务，加强学生的责任感。

（3）在组员和课题确定的情况下，每个小组选择指导教师，制订并填写活动的方案。研究内容要规划得细致，把每个要研究的问题列出，厘清研究的分内容和主内容间的关系；课题研究时间计划应尽量详细具体，便于活动的实施；外出实践人员安排也应明确负责人、联系方式和实践地点，以保证学生的安全。

2. 实施阶段

做好准备之后，学生开始收集与研究内容相关的资料。学生要了解世界不同菜系各自的特点；各地饮食风俗的差异；中西餐礼仪的差异；世界名菜的典故和历史故事等。学生应及时将收集到的资料按照内容进行分类、整理，如果发现不同文献对同一问题的描述观点不同，小组同学要开展讨论和分析。教师可以帮助指导。

3. 总结与交流阶段

总结成果的方式是多种多样的，除了按照资源包中的总结流程之外，学生可以通过演讲会、美食评比等形式展示自己的成果。最佳方案便是举行一次成果汇报会，由学生利用多媒体设备将自己在活动过程中的所见所闻充分展示，包括录音、录像资料等。此外，可以让学生总结活动中的感受，可以充分交流在活动中所遇到的挫折以及应对方法等。教师可以引导学生不仅针对活动的成果进行展示，还可以加入人际冲突和心灵成长的内容，使综合实践活动的意义立体化。

课题 2　中外建筑风格比较

（一）活动时长建议

如本课题作为独立课题进行研究，建议安排一个半月的时间。课内时间 6 课时左右，主要用于课题确立、计划拟定、方法指导、展示交流等环节的指导；课外研究活动 4 周时间；设计制作环节建议安排 1 周课外活动时间进行，建议结合学校手工制作社团的活动一并进行。

（二）活动设计意图

这个课题是学生在生活中较少接触到的内容，但是开展这个活动可以帮助学生回顾历史、更加深入理解文化和建筑的关系，有助于培养学生爱护历史遗迹的社会责任感和良好的审美能力。

本课题设计了四项主要活动：收集中外建筑的资料、考察中外建筑、访问建筑群中的居民和艺术家、设计制作建筑模型。这四项活动目的在于让学生通过不同方式来了解和感受中外建筑的各自特色，逐步加深对文化遗产保护的责任感。收集资料的活动引导学生发掘中外建筑在材料选择、建筑风格、装修风格等多方面的异同，帮助学生走进建筑艺术的世界，了解建筑的基本知识。考察中外建筑、访问建筑群中的居民以及艺术家，学生可以在切身体验中感受建筑的魅力，激发他们热爱和保护古建筑的意识。

九年级学生已经拥有较强的动手能力，在此基础上开展的手工建筑模型制作和3D打印建筑模型，可以帮助学生加强抽象思维和建构能力。通过亲手制作，学生感受建筑从设计、施工到最后完成中的艰辛与成就感，从而增加活动的趣味及实践性。同时，这个活动也可以让学生充分体会实践的意义。

（三）具体实施建议

1. 准备阶段

（1）激发学生对于该课题研究的兴趣。可以开设一节建筑艺术欣赏课，由教师引导学生对一些中外著名建筑进行欣赏。欣赏的内容可以划分为多个单元，包括因为气候不同产生的建筑风格差异或者不同宗教的建筑欣赏等。在欣赏大量图片和视频资料之后，教师引导学生间开展交流，把自己了解的一些建筑进行分享。

（2）帮助学生提出感兴趣的课题，并协助学生完成组队分组。在欣赏课的基础上，教师帮助学生对建筑差异的不同方面进行分类，例如所用材料的差异、装饰风格的差异等。在这个过程中，教师应根据班级总体的分组和课题趋向来确定活动的组织形式。通过班级同学的共同讨论，最后形成分组，并明确研究的课题。为了加强学生团队的凝聚力和合作精神，可以安排一个组队仪式，协助每个小队形成自己的领导核心和分工机制，并加强团体成员间的感情，特别是帮助班级中相对缺乏人际交往的学生融入其所在的团队。

2. 实施阶段

做好准备之后，学生开始具体实施收集与研究内容相关的资料。学生可以通过（民俗）博物馆、图书馆、互联网等途径收集资料，包括文字、图片和影像等多种资料。学生应及时将收集到的各种资料按照内容进行分类、整理，如果发现不同文献对同一问题的描述观点不同，小组同学要开展讨论和分析。教师可以帮助指导。

3. 总结与交流阶段

总结成果的方式是多种多样的，学生可以通过论文、板报等形式展示自己的成果。最佳方案便是举行一次成果汇报会，由学生利用信息技术手段，使用多媒体设备，不仅分享活动的成果，还将自己在活动过程中的所见所闻充分展示。此外，可以让学生总结活动中的感受，充分交流在活动中所遇到的挫折以及应对方法等。

指导学生重点把握建筑保护的内容，并将这些内容尽量多地体现在板报设计和汇报中。可以采用联合签名号召等方式深化这个课题，并与学校的相关活动联系起来，例如征文比赛、文化遗产保护日等。

五、活动样例

【活动主题】 中外建筑风格比较

【活动目标】

1. 通过欣赏中外建筑，使学生对具有代表性的建筑类型及其建筑风格、特征有一定的了解。

2. 通过调查中外建筑风格的差异，结合地理、历史等知识，探究不同类型建筑艺术风格形成的原因，感受东西方文化的不同。

3. 从建筑的材质、造型、色彩、装饰、与环境的和谐性以及所蕴含的文化内涵等方面开展研究，尝试设计制作建筑模型。

4. 在收集资料、考察与访问、调查活动中，培养学生收集处理资料的能力及人际交往能力。

【活动准备】

1. 收集有关中外不同建筑的图片、影像、模型等资料。

2. 请当地的建筑师走进课堂。

3. 制作介绍古今中外建筑的多媒体课件。

4. 准备泡沫板、水彩笔、尺子等。

【活动过程】

情境创设

1. 通过播放影像资料，引导学生欣赏中国著名的建筑。

2. 全班讨论：（共享学生们的知识经验）我国有哪些建筑被列入了世界文化遗产？说说你所知道的国外标志性建筑的特点。

3. 播放世界著名建筑物的视频，让学生感受中外建筑的差异和地域特色。引导学生了解建筑背后的故事，帮助学生了解一些标志性的建筑可代表一个地方、一个国家，是因为建筑的风格中融入了这个地域的文化特征。

课题确定

建筑有各种不同的类型，可以选择其中的某一类型进行研究。如中外宫殿建筑的比较，中外宗教建筑的比较，中外园林、民居建筑的比较，中外现代建筑艺术的比较，中外陵墓建筑的比较，等等。每一类型都可以从建筑的材质、造型、色彩、装饰、与环境的和谐性以及所蕴含的文化内涵等方面开展研究。同学们通过讨论，可以发现最有意思的便是各地的建筑造型不同，甚至一个国家不同地区建筑的造型都不同。由此同学们提出把这次综合实践活动的课题确定为"中外建筑风格比较"。

活动实施

1. 查阅资料及资料整理分析

引导学生从报刊、书籍、图册、照片、影视作品等多方面获取资料，同时充分利用互联网的优势，事先为学生准备一些图书和多媒体资料，提供能够上网的计算机。按照小组制订的分工协作原则，研究成员分头查阅资料，并且各组还要把大家查阅到的资料汇总在一起进行分析整理，提取出有研究价值的内容，形成资料收集报告。

2. 考察当地的建筑

走访考察当地有代表性的、有特色的建筑。各地都有不同特色的建筑，如客家人的土楼、北京的四合院等。在福州当地的外国风格建筑多是近代建筑，主要集中在仓山区一带，以教堂和使馆建筑为主。中国的早期建筑主要是三坊七巷中的名人故居，以清代建筑为主。在学校的统一安排下，教师带领学生参观三坊七巷和使馆建筑。在参观过程中，学生大致了解到中国清代建筑和外国教堂、使馆建筑的特点。在参观的时候，若对故居中房间位次安排有兴趣，可咨询仍居住在其中的老人，了解天井、防火墙、瓦楞的特色及功能等。

走访与考察时，小组成员可拍摄相关的照片和视频，并认真做好有关考察记录。也可以将活动以小组日记的形式记录下来。在活动中小组成员互相帮助，共同完成任务，保持团队合作关系的融洽。

3. 访问居民与艺术家

在美术老师的协助下，大家对一些建筑艺术家进行了访谈，对建筑外形设计的原理有了更深的了解。

4. 绘画和制作模型

在前期了解、观察建筑的基础上，让学生设想自己心中喜欢的建筑，充分发挥学生的想象力和创造力，鼓励学生制作模型，有条件的学校还可以利用3D打印机把学生设计的建筑打印出来。也可以采取绘画的方式表现，还可以让学生给自己最喜欢的建筑写生，并在作品下简要地描述自己的感受。

5. 调查与宣传

很多古建筑都有不同程度的磨损，有些古建筑甚至是残破的，那我们还需要它们吗？为什么需要呢？我们要如何保护它们？学生通过走访当地的文物保护机构、建筑研究所等部门的专家，了解古建筑、古民居的特色和保护情况；还可以向城市规划机构咨询，了解当地的古建筑、古民居在未来城市建设、发展中的价值与作用。

由学生策划、设计一个宣传保护古建筑、古民居的方案，举办一次课题展，展出的内容包括之前的摄影、绘画、模型作品以及相应的宣传海报、宣传网页等。在展览中由学生自己担任讲解员，向前来参观的老师、同学和家长介绍并宣传古建筑的特色及保护措施。

【总结交流】

召开成果交流汇报会，学生利用多媒体技术展示小组活动的研究成果。汇报稿中包括图片、分析情况、研究结果等内容。

【活动评价】

在研究活动过程中，每个同学都对自己完成的任务进行自评，并在小组内进行合作、负责的互评。最后请所有同学推荐出5个最佳作品，得票最多的就是获胜者。

【活动拓展】

综合实践活动不仅提高了学生的鉴赏能力，增强了与人交流沟通的能力，还联系了政治、历史等学科的内容，实现了跨学科知识的有效融合。

引导学生进一步思考：这些建筑文化的差异让我们还感受到了什么？看看古今中外建筑，就可以发现不同民族的文化开始相互交融，这将对世界文化的多样性产生怎样的影响？应该如何尊重世界文化的多样性？如何看待传统文化在现实生活中的作用？

学生也可选择其他的研究内容，如中外饮食文化的差异、中外建筑风格的比较、中外礼仪研究、中外风俗习惯面面观、学生眼中的西方节日与中国传统节日、茶文化与咖啡文化等。

六、参考资料 >>>>

中国建筑的文化精神

中国最早的建筑，产生于距今 1 万年前的旧新石器时代之交，即原始农业开始出现，人们的定居要求开始增强的时候。而最早显现出初步的关于美的即广义艺术要求的建筑，则出现于公元前 4000 年新石器时代中期。从一种结构体系而言，中国传统建筑终结于 20 世纪初。

中国传统建筑以汉族建筑为主流，主要包括如城市、宫殿、坛庙、陵墓、寺观、佛塔、石窟、园林、衙署、民间公共建筑、景观楼阁、王府、民居、长城、桥梁大致十五种类型，以及如牌坊、碑碣、华表等建筑小品。它们除了有前述基本共通的发展历程以外，又有时代、地域和类型风格的不同。

基于中国长期的宗法社会土壤，中国建筑以宫殿和都城规划的成就最高，突出了皇权至上的思想和严密的等级观念，体现了古代中国占统治地位的政治伦理观，与欧洲、伊斯兰或古印度建筑以神庙、教堂和清真寺等宗教建筑成就更高明显不同。宫殿从夏代已经萌芽，隋唐达到高峰，明清更加精致。西周已形成了完整的都城规划观念，重视规整对称，突出王宫的格局；在"礼崩乐坏"的春秋战国，规整式格局有所破坏；汉代又开始向规整的复归，隋唐完成此一过程，元、明、清则更加丰富。隋唐长安、元大都和明清北京，是中国历史最负盛名的三大帝都。

中国的宗法伦理观念也影响着其他几乎所有建筑类型，如祭祀自然神和先贤圣哲的准宗教建筑坛庙，以及在特别强调血缘宗亲关系，特别重视"慎终追远""事死如生"等观念的文化背景下发展的帝王陵墓等，它们几乎是中国特有的建筑类型，以规模之隆重、气氛之肃穆而令人瞩目。

种类繁多的民间公共建筑，如宗祠、先贤祠、神祠、会馆、书院和景观楼阁等，以明清留存最多，也无不深深浸染着传统文化精神。衙署留存较少，现存较完整的几座也都属清代，有一套规定的布局模式，为示清廉，风格都比较朴素。属于居住建筑的王府和各地民居现存者也多是清代所留，其中民居尤其值得注意，不但种类繁多，形式十分多样，所体现的群体文化心态也特别率真而质直，反映的地域特色更加突出，其特有的朴质明智之美，有时并不在皇皇巨构之下。

中国建筑特别重视群体组合的美。群体组合常取中轴对称的严谨构图方式，但有些类型如园林，某些山林寺观和某些民居则采用了自由式组合。不管哪种构图方式，都十分重视对中和、平易、含蓄而深沉的美学性格的追求，体现了中国人的民族审美习惯，而与欧洲等其他建筑体系突出建筑个体的放射外向性格，体形体量的强烈对比等有明显差别。

中国建筑是独具风姿的唯一以木结构为主的体系，这一点又与世界其他所有建筑体系都以砖石结构为主不同。建筑结构不但具有工程技术的意义，其机智而巧妙的组合所显现的结构美和装饰美，本身也是建筑美的内容。木结构体系的复杂与精微远非砖石结构所能及，体现了中国人的智慧。对有机的结构构件和其他附属构件的进一步加工，就形成了独特的中国建筑装饰，包括内外装修、彩画、木雕、砖雕、石雕和琉璃，有十分丰富的手法和生动的发展过程。

中国各少数民族建筑也都各具异彩，大大丰富了中国建筑的整体风貌。藏族建筑深植于独特的藏传佛教文化土壤之中，虽吸收了汉族建筑的一些形象和手法，却能自成体系，非常富于特色，其代表性杰作规模宏大，色彩鲜明，性格粗犷巨丽，不愧为世界级的建筑艺术精品；傣族信奉上座部佛教，建筑受同为上座部佛教流行地区的泰、缅等国影响较大，除富于特色的干阑式民居外，其妩媚玲珑的佛寺佛塔更具风韵；侗族建筑虽受汉族影响较大，仍以其特有的鼓楼和风雨桥闻名中外，艺术性格质朴古拙。此外，纳西族、白族、土家族和朝鲜族民居也都各具异彩。这些民族的建筑艺术作品，像闪现在天空的点点明星，与汉族建筑一起，共同组成为中华建筑的灿烂。

中国建筑以中国为中心，流波泛及朝鲜，对日本、越南和蒙古等广大东亚地区产生了巨大影响。它们与中国一起，共同构成为以中国建筑为核心的东亚建筑。明清时期，中国建筑，特别是与西方完全不同的园林艺术，又开始为欧洲所知，并产生了实际影响。同时，中国建筑早在汉晋时代又接受了主要来自南亚和中亚的外来影响，这些影响在历史的长河中都被中国融化为自身的有机部分。

主题四　职业调查与体验

一、主题设计思路　>>>>>

随着经济的不断发展，职业规划已被人力资源和社会保障部重点关注。2007年，首届中国职业生涯规划国际论坛暨全球峰会的举行，进一步引导职业生涯规划与社会实践活动的快速发展。《纲要》也把"职业体验"作为四种主要活动方式之一列入其中。初中学生毕业后，面临着走入普通高中和职业学校两种学业选择，即便是走入普通高中，也面临着课程选择、大学报考专业选择的问题。在初中进行必要的职业体验，对学生了解各类职业，认识自己的职业兴趣，提升职业意识，努力学好各类功课，为将来职业规划打下坚实基础有着积极的意义。

九年级学生即将毕业，面临升学与就业的选择，可能比较迷茫。他们之前对于职业的认识只是来自父母职业的熏陶和自己对于职业的浅层次的了解，在学校中可能有过类似参观工厂、参加劳动实践的体验，但缺乏对于职业深入的体验和认识，学生需要接受必要的职业教育，自身有这方面的需求。九年级学生已经具备了开展研究和体验活动的基本素养，为活动开展提供了必要条件。

本主题根据九年级学生的认知特点和学习能力水平，为学生提供了三个课题："不同职业状况""职业体验""职业规划"，供学生选择和研究时参考。资源包重点推荐了"调查不同职业工作的状况"和"选一个职业去体验"两个课题，课题设计紧密结合学生的生活经验和社会实际，以调查、访谈、体验、讨论、分享等为主要活动方式，以社会实践为重要载体，通过走出去、请进来、参观访问、社会调查、模拟演练、亲身体验等形式，拓展学生视野，不断了解社会、了解职业，丰富对职业的认识，并根据自身优势确立发展方向，开发潜能，不断成长。

二、主题目标　>>>>>

1. 通过资料收集、调查访问、观察与职业体验等活动，获得对职业生活的真切理解，认同劳动的价值；能主动分享体验和感受，与老师、同伴交流认识，通过职业体验活动，发展兴趣专长，形成积极、正确的劳动观念和态度，具有初步的生涯规划意识。

2. 在收集资料、考察与访问、调查活动中，培养学生收集和处理资料的能力、与人交往的能力；通过展示交流环节的活动，提升表达能力和大胆质疑、自我评价的能力。

3. 通过收集资料与职业体验，初步了解不同职业的技能需要；掌握设计调查问卷和考察方案、开展实地考察、调查研究的方法。

三、主题实施建议

本主题要结合当地课程资源情况及学生所在社区情况，因地制宜，创造性地实施。本主题给出的两个课题中，"调查不同职业工作的状况"属于考察探究类活动，可以采取研究性学习小课题研究的基本活动步骤来实施。学生在开展具体的研究性学习中，可以采用资源包提供的课题来组织实施，也可以根据学校情况，让学生在本主题的范围内自行确定研究课题。具体组织形式可以采取班级为单位共同实施本主题，也可以以 5~7 人为小组选择一个课题或者自拟研究课题开展活动。各小组围绕同一主题开展不同课题的研究，便于丰富主题的研究内容，提升主题的育人价值。活动方式的选择可以根据社区资源情况确定，如果学校处于城市，可以到图书馆、当地人力资源部门、人才市场、职业介绍所等专业机构去收集获取第一手资料；如果学校所在社区为农村，可以以社区问卷调查为主开展研究活动。"选一个职业去体验"属于职业体验活动，本主题活动的实施可以与学校志愿者服务等团队活动结合，采用请进来、走出去的形式多渠道开展。有条件的学校可以通过开展"第二课堂"，让各行各业的从业者开展职业大讲堂，在讲堂的基础上，让学生选择一个职业，进行实地考察、了解岗位，了解职业特点，并顶岗实习、体验感悟。

课题的拓展延伸可以采用学生研究活动过程中生成的新问题、新认识，进行整理提炼，引导学生生成、确定新课题，加以实施。如模拟职场应聘，让学生在新体验中感受与时俱进的职场对求职者的能力和素质需求，引导学生对自己在整个活动中所表现出来的资料收集能力、动手实践能力等进行全面反思改进，帮助学生认识自我，确定人生不同阶段的发展目标，促进学生素养的全面形成。

四、各课题设计意图及实施建议

课题1 调查不同职业工作的状况

（一）活动时长建议

建议用 1 个月完成本课题的各项活动。其中准备阶段的确定课题、分组及制订研究方案可用 1~2 课时在课堂上完成；实施阶段的收集、整理、处理资料及对所在社区的人群所从事的职业状况进行问卷调查等活动可分散在课外完成，期间根据情况可以安排 1~2 课时进行进度调度、解决遇到的困难等；设计大赛、班级墙报展、总结交流及反思评价等建议利用 2~3 课时完成。

（二）活动设计意图

九年级学生即将毕业，面临升学与就业的选择，在职业观念上感到很迷茫，之前基本上都只想着考试，继续当学生，没想过就业问题，也没有相关的职业体验和知识。这个课题非常符合学生的成长需要，而且开展这个课题的活动也迎合了学生的兴趣，有助于培养学生对社会生活现象的深入思考。

本课题设计了三项主要活动：收集资料、问卷调查、考察与访谈。这三项活动旨在让学生通过不同方式来了解职业，逐步加深对不同职业特点和性质的了解。收集资料的活动目的在于引导学生对传统职业、新兴职业等有新的认识，能够进行自主建构，帮助学生比较全面、具体地了解关于职业的基本知识。问卷调查可以帮助学生了解不同职业的状况。通过实地考察和访谈一定数量的职业人士，近距离了解某个职业的工作状况、职业的知识和技能要求，增强体验。

九年级的学生已经拥有较强的社会交往能力和语言思辨能力，在此基础上，开展调查、考察、访谈等活动可以帮助学生充分发挥自身的语言优势，通过该课题设计的一系列活动的开展，可以帮助他们更好地发挥这些能力。

（三）具体实施建议

1. 准备阶段

（1）激发学生对于该课题研究的兴趣。可以举行一个"职业种类知多少"的比赛活动，或是进行"职业竞猜"活动来热身；还可以以"10年后的我——职业描述"的主题畅想未来，让学生自己组成团队，对自己了解到的职业种类进行介绍，唤起全体同学对职业研究的热情和兴趣。

（2）进行分组并确定课题。在这个过程中，教师根据班级总体的分组和本课题研究需求进行小组人员的调整与平衡，帮助全体同学确立组长、组员名单、分工职责等具体事宜，并进一步明确研究的课题。

（3）在组员和课题确定的情况下，每个小组选择指导老师，制订并填写活动方案，完善调查问卷内容。研究任务要具体明确，责任到人，研究中可能遇到的困难要逐一列出，并预设解决措施；问卷的完善、发放场所、时间应尽量详细具体，便于活动的实施；考察访问不同的职业人士，应提前做好沟通联系，明确实践地点和联系方式，确保学生活动的安全。

2. 实施阶段

做好准备之后，学生开始收集与研究内容相关的资料。要了解职业的类别和特点，新兴职业与热门专业的发展趋势等。学生应及时将收集到的各种资料按照内容进行分类、整理，如果发现不同文献对同一问题的描述观点不同，小组同学要开展讨论和分析，教师可以帮助指导。

3. 总结与交流阶段

除了按照资源包中总结的流程之外，教师还可以指导学生通过开展求职应聘、筹办职业介绍所等形式展示自己的成果。最佳方案便是举行一次成果汇报会，由学生利用多媒体设备将自己在活动过程中的收获、心得、所见所闻进行充分展示。此外，可以让学生分享在活动中所遇到的挫折以及应对措施等。教师不仅要引导学生关注活动的成果，更要关注问题的解决方式和心灵体验的内容，使综合实践的意义立体化。

课题 2　选一个职业去体验

（一）活动时长建议

本课题建议安排时间 1 个月的时间，课内时间 4 课时左右，主要用于课题确立、方案拟定、方法指导、展示交流等环节；课外研究活动可以结合周末、节假日开展连续 1 周的体验，建议结合学校"雏鹰争章"团队活动或志愿者服务队活动一并进行。

（二）活动设计意图

学生生活中经常接触到各种职业，但是却从未置身体验过其中的辛劳。开展这个课题的活动可以帮助学生深入理解劳动的价值，有助于培养学生的社会责任感和良好的社会适应能力。

本课题提供了两项主要活动：实地考察和实际体验。第一项活动目的在于引导学生先通过实地考察了解想要体验的职业的岗位性质、职业特点，学习掌握初步的职业技能，逐步加深对不同职业的认识和理解。在本课题中选择了学生生活中熟悉的交警和厨师这两个职业，分别安排进行实地考察，通过切身的实际观察、访谈，了解他们的工作时长、待遇、技能，观察记录的填写有助于学生收集、整理、分析资料，为后续的职业体验做好充分的准备。

九年级的学生已经拥有一定的社会责任感，在此基础上，先选择真实的职业情境见习、实习，体认职业角色，获得对职业生活的真切理解，再在实际岗位演练，开展真实体验，写出职业体验报告，并开展总结、反思和交流活动，概括提炼经验。通过亲身参与其中，可以让学生逐步了解社会、发现自己的专长，培养职业兴趣，形成劳动观念和人生志向，提升生涯规划能力。

（三）具体实施建议

1. 准备阶段

（1）激发学生对于该课题研究的兴趣。可以播放一些宣传片，由教师引导学生谈谈一些身边常见的职业，如医生、教师、交警、工人、厨师等。让学生把自己了解的关于这些职业的工作性质特点进行分享，激发学生的体验兴趣。

（2）帮助学生提出感兴趣的课题，并协助学生的组队分组。在欣赏宣传片的基础上，教师帮助全体同学选择自己感兴趣的职业，组建起小组，确立组长、组员名单、分工职责等，并进一步明确研究的课题。

（3）在组员和课题确定的情况下，每个小组选择指导老师，制订并填写实地考察的活动方案。指导教师要帮助学生在考察前，做好相关调查，对要去考察、体验的地方进行初步的了解，明确去体验的职业所属机构的名称、性质（政府机关、国企、民企等）、主要业务、具体的位置及前往的交通路线，提前做好沟通联系。教师要引导学生积极参与小组活动方案的制订过程，通过合理的时间安排、责任分工、实施方法和路径选择，对活动可利用的资源及活动的可行性进行评估，增强活动的计划性，提高学生的活动规划能力。同时，引导学生对活动方案进行组内及组间讨论，吸纳合理化建议，不断优化完善方案。

2. 实施阶段

做好考察前的所有准备后，学生开始具体开展实地考察和岗位实习体验。通过实地考察，学生对职业进行真实的情境体验，了解该职业的工作内容，并学习岗位技能。教师要引导学生经历多样化的活动方式，促进学生积极参与活动过程，在现场考察、岗位体验、社会服务等一系列活动中发现和解决问题，体验和感受学习与生活之间的联系。同时加强对学生活动方式与方法的指导，帮助学生找到适合自己的学习方式和实践方式，还要指导学生做好活动过程的记录和活动资料的整理。

3. 总结与交流阶段

教师要指导学生选择合适的结果呈现方式，鼓励多种形式的结果呈现与交流，如现场照片、作品、研究报告、实践单位证明等。要对活动过程和活动结果进行系统梳理和总结，如持续时间、所承担的角色、任务分工及完成情况等，促进学生自我反思与表达，积极与同伴进行交流与对话。也可以指导学生学会及时填写活动记录单、撰写活动报告、反思日志、心得笔记等，反思成败得失，提升个体经验，促进知识建构，并根据同伴及教师提出的反馈意见和建议查漏补缺，明确进一步的探究方向，深化主题探究和体验。

五、活动样例

【活动主题】选一个职业去体验

【活动目标】

1. 通过不同的职业宣传片的观看，使学生对职业选择体验有初步的了解。

2. 通过实地考察，了解交警、厨师等不同的岗位，体认职业角色，学习初步的岗位技能，获得真切的职业理解。

3. 进行实际岗位演练，培养职业兴趣，形成正确的劳动观念和人生志向。

4. 在不同工作岗位的实习演练中，学会收集资料、概括提炼经验，并在行动中予以应用，培养学生收集处理资料的能力以及与人交往的能力。

【活动准备】

1. 收集不同职业的图片、影像等宣传视频资料。

2. 请交警、学校餐厅厨师走进课堂。

3. 制作多媒体课件。

【活动过程】

情境创设

1. 通过不同职业的宣传片影像视频播放，引导学生关注身边常见的职业，如医生、教师、交警、工人、厨师等；师生交流分享自己对这些职业的工作性质特点的认识。

2. 开展"答记者问"活动。请交警、学校餐厅厨师走进课堂，由他们向学生解答对"交警""厨师"这两个职业的疑问，激发学生的体验兴趣。

课题确定

职业有很多种，想要真正走近职业，更真实的资料应来自实实在在的职业体验。学生可以根据自己的研究兴趣和社区居住环境、人际资源等条件，选择某一职业进行实地考察和岗位锻炼。交警是人民警察的一个警种，维护交通秩序，保障道路畅通及保护行人人身、车辆财产安全，是他们的神圣职责。不同学校的餐厅中学生配餐方式有集体营养配餐和学生自主选择之分，不同的酒店级别和经营模式等不同，所聘请的厨师资质、技能等级、工资薪酬都存在差异。同学们经过讨论，寻找更愿意去关注、去了解的职业类别进行考察、体验，由此提出把这次活动的课题确定为"交警、厨师职业体验"，共同来参与不同的职业体验，收获技能和经验。

活动实施

1. 查阅资料及资料整理分析

引导学生在开展考察活动前，能够从报刊、书籍、图册、照片、影视作品等多渠道获取资料，同时可以充分利用互联网的优势，对所考察的职业、体验的地方进行初步的认识和了解。可以事先为学生准备一些图书和多媒体资料，提供网络环境，培养对所关注职业的认同感。老师及时指导各组把小组内成员查阅到的资料汇总在一起进行分析整理，提取出有研究价值的问题，形成资料集，完善访谈提纲。

2. 考察交警职业

选择一个时间段，到学校周围或城市中心区域去实地考察交警的工作情况，例如工作地点、时间段、执勤时主要装备、主要工作内容、如何处理突发情况等。在考察中，教师要指导学生做观察记录，同时指导学生选择合适的时机对交警叔叔进行访谈，深入了解他们的主要工作职责、收入、对工作的满意度等，并向他们学习岗位技能。在访谈过程中，小组成员可拍摄相关的照片和视频，并认真做好有关考察记录。也可以将活动以小组日记的形式记录下来。在活动中，小组成员互相帮助，共同完成任务，保持团队合作关系的融洽。

3. 考察厨师职业

帮助学生联系学校或家周围的饭店，选择一个合适的时段，去饭店实际考察一下，主要了解以下问题：厨师主要的工作内容、主要工作时间段、厨师是如何根据客人要求不断改进饭菜口味的。同时对厨师进行访谈，了解他们的职业满意度，并向他们学习岗位技能。考察中，教师要指导学生做好考察记录，注意方式的多样化，拍照、摄像等均可，目的在于引导学生学会用多种手段进行过程资料的记录。同时要指导学生学会对所记录资料进行纵向比较分析，全面了解所调查职业的职业特性。

4. 实际体验

我来当交警。在老师帮助下让交警叔叔做好岗前培训，掌握必要的技能；并提前联系，选择离学校较近的地点开展活动。可以争取学校政教、团委的支持，组成校门口值勤志愿者小队，维持学校上学、放学时的校门口交通秩序。

我来当厨师。选择餐馆或学校食堂，开展实际的厨师体验工作。从采购、择菜、炒菜，到面点、分餐、清洁等每个工作环节都有充分的经历。

【总结交流】

每个小组整理并写出自己的职业体验报告，全班召开成果交流汇报会，学生利用多媒体技术展示小组活动的成果。研究成果可以包括文字、图片、视频等；职业体验报告中应更多关注职业体验后的新认识、与职业期待的出入、印象最深和参与体验好的情形、遗憾、收获等。

【活动评价】

在研究活动过程中，每个同学都对小组分工的情况和自己完成的任务进行自评，并在小组内进行互评。最后，老师把决定权交给同学们，请所有同学对本次职业考察和体验活动中最积极负责、收获最丰、感悟最深的同学进行肯定鼓励。

【活动拓展】

综合实践活动通过职业体验，引导学生从知识、技能、价值观等多角度对不同的职业生活进行了解分析和评价，培养他们的劳动意识，形成正确的劳动观念和良好的劳动习惯。

组织召开职业体验交流会，引导学生思考：通过此次职业体验，发现了哪些地方和事前想象的不一样？要想从事理想的职业，你认为在现在的学习与生活中需要改进的是什么？以此提升学生自己的生涯管理素养，发展自我意识，能够做出一定的职业生涯规划决策，从而更好地管理自己当下的学习和生活，成为有明确人生方向和有生活品质的人。

六、参考资料　　〉〉〉〉

交警的工作职责

交通警察的职责是维护交通秩序，处理交通事故，查纠道路交通违法行为，负责机动车的登记管理等。

主要任务：

1. 广泛收集信息，实行科学决策，正确制定道路交通规则。

2. 严格交通执法，维护交通秩序。

3. 开展宣传教育，增强交通参与者的交通安全意识。

4. 运用现代管理学，完善管理环节，增强道路交通协调与控制能力。

5. 预防和查处交通违章、交通肇事，保障道路交通安全、通畅。

6. 制止违法犯罪活动，维护道路治安秩序。

职业要求：

1. 具有国家承认的大专以上学历，专业不限。

2. 身体健康，符合人社部、公安部公布的《公安机关录用人民警察体检项目和标准》。

工作制度执法依据：

《中华人民共和国道路交通安全法》《中华人民共和国道路交通安全法实施条例》《道路交通事故处理程序规定》《中华人民共和国机动车驾驶证管理办法》《机动车登记工作规范》《道路交通违法处理程序规定》、各省道路交通管理实施办法、各省道路交通实施条例、各省公安交通管理行政赔偿程序规定。

执法原则：

人民交通警察必须以宪法和法律为活动准则，忠于职守，清正廉洁，纪律严明，服从命令，严格执法；交通警察必须秉公执法，不得徇私舞弊、索贿受贿、枉法裁决。

你了解厨师这个职业吗

厨师，是以烹饪为职业、以烹制菜点为主要工作内容的人。旧时代人们称厨师叫"伙夫""厨子"等；现代社会中，多数厨师就职于公开服务的饭馆、饭店等场所。

做一名优秀的厨师，需要具备各种素质：

1. 文化要求。学习厨师需要一定的文化知识，一定承受能力以及判断能力。学习烹饪技能，可报考相关的烹饪学校，或者跟师傅学习，或者直接去从事餐饮服务的地方练习。

2. 品行道德。一是热爱本职工作的敬业精神；二是热爱集体、热爱企业的精神；三是牢固的法制观念。

3. 身体要求。首先，要有健康的体质。厨师的工作很辛苦，不仅工作量大，而且较为繁重。无论是加工切配，还是临灶烹调，都需要付出很大的体力。其次，厨师要具有较强的耐受力。最后，厨师还要反应敏捷，精力充沛。在生产过程中，有些菜需要急火烹制，这些菜点往往要求在很短的时间内完成一系列的操作程序，这就要求厨师具有敏捷的思维、熟练的动作和充沛的精力。

4. 业务素质。要有精湛的技术，即精细的刀工、对火候的掌握要得当，调味要准确适口；要有较好的文化知识素养，即要掌握现代营养、卫生等有关烹饪科学方面的基础理论知识，了解祖国的烹饪文化历史，懂得一定的民俗礼仪知识，有一定的美学修养和艺术创新基础。还应该有勇于创造、大胆革新的精神。

5. 工作禁忌。不随地吐痰，不乱扔垃圾，工作区域干净整洁卫生；着装整洁，正确穿戴工作服工作帽，随时维护个人卫生；不浪费原料，生熟分开，避免炒勺尝口味；在厨房内禁止吸烟。

一、主题设计思路

选择"广告"作为实践活动的主题，主要有以下两点考虑：第一，广告是新时代的产物，对新兴事物的探究容易激发学生的积极性和主动性；第二，广告在学生的生活中，随处可见，便于学生开展亲历亲为的实践活动，发展创新精神和实践能力。

围绕"广告"，学生可开展的课题有很多。资源包引导学生根据自己的兴趣和能力选择其中的一个或多个课题开展活动，也可以选择与"广告"有关的其他课题开展活动。本主题选择了其中两个相对独立又紧密联系的课题："广告对人们生活的影响""我做广告设计师"，涵盖了综合实践活动的三大主要活动方式：考察探究、设计制作和职业体验，其中在职业体验中巧妙地融合了设计制作活动。资源包按照上述三种活动方式的关键要素对各课题进行了呈现。

二、主题目标

1. 通过对广告的考察探究，了解广告对我们生活的影响，激发对社会的责任感和使命感；在广告的设计与制作活动中，培养科学探索精神和创新精神。

2. 通过考察广告和设计广告，提高综合运用知识解决问题的能力；增强创意设计、动手操作、技术应用和物化能力。

3. 通过对广告的考察探究，进一步学习文献研究法、问卷调查法、访谈法等研究方法；通过设计制作广告，进一步掌握设计制作的关键要素，获得职业体验。

三、主题实施建议

为了更好地把握和体现综合实践活动课程的实践性、自主性、开放性等特征，教师在带领学生开展活动时需要创设一定的问题情境，激发和调动学生产生对这一问题的研究兴趣。在此基础上，才能确定要研究的主题，开展一系列研究活动。

广告已成为中国经济发展的加速器，也是促进国际贸易、扩大受众视野的一个重要途径。有时，我们讨厌它，有时我们欣赏它，但不管我们怎样看待它，我们都不能否认我们需要它，我们在有意和无意之中被它改变着。它能给我们带来什么样的启示呢？教师可以利用文字、图片或者视频等资料，让学生直接感受广告对我们的影响。然后，引导学生关注自己身边的广告问题，由此引出活动的主题，学生在探究问题的兴趣引导下，主动参与活动。

本主题提供了两个课题供参考，以综合实践活动的两大活动方式为主。每个课题都可以单独开展，也可以将两个课题融合，整体实施。

课题1"广告对人们生活的影响"中，学生对于广告对人们生活影响现状的调查结果、分析建议等，可以制作成展板或是宣传手册，在学校以及社区中进行宣传。通过宣传，可以满足学生的成就感，提高学生参与活动的积极性；同时也使综合实践活动的开展更有现实意义，也更能得到社会各方面的支持。

课题2"我做广告设计师"是基础性的创新设计和职业体验，要求不能太高。重点是让学生亲身参与到广告设计活动中，进行创新设计，同时体验广告设计师这一职业的特点。对于学生设计的广告，可以通过让学生自我评定，发现自己的不足和问题，让学生从失败中汲取经验，再重新设计，也能达到培养学生的探索精神和创新能力的目的。体验活动的开展更有利于学生的职业规划，使学生更好地对自己的未来生活做出思考与判断。

四、各课题设计意图及实施建议　　　　　　　　　>>>>

课题1　广告对人们生活的影响

（一）活动时长建议

建议用8课时完成课题1中的各项活动：其中制订方案用1课时，收集资料用1课时，实地考察用1课时，问卷调查用1课时，问卷的整理与分析用1课时，访谈用1课时，完成调查报告用1课时，展示与交流用1课时。

（二）活动设计意图

本课题是考察探究类综合实践活动，主要是引导学生以"广告在我们生活中的状况"为切入点，开展深入的调查与研究，找出我们生活中广告存在的问题。围绕着考察探究活动的三个基本阶段——课题的确立与启动阶段、课题的实施阶段以及课题的总结与展示阶段，本课题设计了七项主要活动。课题的确立与启动阶段设计有制订方案活动，学生制订出相应的研究计划，来指引后续的整个研究。在课题实施阶段，查阅文献的活动引导学生通过文献对广告在人们生活中的现状有一个比较全面、系统的了解；实地调查活动让学生亲身感受广告对人们生活的影响，发现其中存在的主要问题；通过问卷调查活动，学生可以收集人们关于广告对生活影响的看法；问卷的整理与分析活动是问卷调查活动的延续；最后，结合前面的调查研究结果，指导学生完成一份完整的关于广告对人们生活影响的调查报告。课题总结与展示阶段的展示与交流活动，鼓励学生以多种方式呈现研究成果以及心得体会，不仅将研究成果在校园内分享，还要走进社区，让更多的人关注广告对人们生活的影响。

（三）具体实施建议

1. 准备阶段

指导教师选择合理的方式创设活动情境，既能自然导出活动主题，又能激发学生参与活动的热情，还能为后续的活动埋下伏笔。在创设这个主题情境时，教师可以展示两个视频，给人留下深刻印象：创意独特的广告视频，欺骗和误导消费者的广告视频。引导学生围绕上述两个视频进行讨论，自然引出活动主题。

确定主题后，指导学生制订合理可行的活动方案，并对方案进行科学论证。在这个过程中，每个小组成员都应该自由积极地表达自己的想法，进行充分的讨论、协商，集思广益。

制订好方案后，教师一定要引导学生合理分工，使每个学生都承担一定的任务，真正成为活动顺利开展不可缺少的角色，实现真正意义上的小组合作，随后指导学生依据活动方案的设计内容准备必要的活动工具。

2. 实施阶段

收集资料。首先帮助学生确定收集资料的内容，通过搜索广告相关的新闻，获取关于广告对人们生活影响的相关信息。引导学生学会取舍资料，把有用信息填入"文献检索资料汇总表"中。为了确保收集到的信息的真实性、科学性，引导学生用权威性网站进行资料的查阅。收集资料结束后，引导学生将众多的信息进行分类，便于在开展活动过程中进行信息的查找及成果展示。在文献查阅中，教师还需引导学生相互交流资料和经验，提高学生收集资料的能力。

调查与分析。通过查阅文献获取到的资料可以帮助学生了解广告的影响，但这些都是间接的了解，学生身边的广告现状到底是什么样的？这还需组织学生亲自到超市、商场等去实际观察和感受一下，同时也为后面的问卷调查活动奠定基础。

问卷调查。教师指导学生围绕调查的初衷，也就是调查目的设计调查问卷，引导学生明确问卷的格式、类型等。要提醒学生认真对待调查中应注意的问题，以确保调查结果的科学性。

访谈。引导学生访谈身边的老师、家长以及商场的顾客等。教师提醒学生做好采访准备，拟定参访提纲并填写好采访记录表。

整理与分析。教师引导学生使用信息技术，用 EXCEL 软件中的 COUNTIF 函数对问卷进行分题的整合与统计，获得想要的结果。学生可以将得到的数据用数据图（条形图、折线图、饼图等）划分出来，直观呈现问卷的调查结果。

引导学生梳理考察探究过程，将广告对人们生活影响的现状梳理成文字信息，形成调查报告。

3. 总结与交流阶段

开拓学生思路，根据成果选择适当的展示形式进行表达和交流。如果有时间，可以将展现的地点从学校延伸到社区，让更多的人通过学生的研究关注到广告对人们生活的影响，并通过此方式锻炼学生的为人处事能力，提升自信。

不限定学生思路，但可以提供一些参考，如主要展示内容可以有：所收集的有关广告对人们生活影响的文字、图片、采集的照片等资料；调查中的记录材料，交流调查过程中的典型事例和感受，汇报调查结果。小组内交流调查的情况、自己的感受及体验等。

同时教师要注意对原始材料的保存，留下学生成长发展的足迹，对活动过程中的体验、认识和收获进行总结和反思。

在本课题的实践活动中，可引导学生围绕以下问题进行总结反思：你对广告对人们生活影响的现状有了哪些新的认识？你在研究过程中遇到了哪些困难？你是怎样克服困难的？整个活动过程中你有哪些体会？你认为本课题活动中有没有不足的地方？如何改进调查的结果会更准确？你对自己在活动中的表现是否满意？等等。

课题 2　我做广告设计师

（一）活动时长建议

建议用 6~7 课时完成课题中的各项活动：其中收集资料、实地考察各用 1 课时，我的设计、准备材料和动手制作用 2~3 课时，展示交流用 1 课时，反思改进用 1 课时（可省略）。

（二）活动设计意图

本课题是职业体验类活动，让学生在体验与广告相关的职业——广告设计师中学习、总结、反思与交流。本课题以职业体验类综合实践活动的关键要素为着眼点，设计了三个活动：了解岗位、实际体验和总结反思。其中实际体验阶段又融入了设计制作的关键要素：我的设计、准备材料、动手制作。在设计活动中，通过多种途径激发学生创意，有利于多元解决方案的提出；通过准备材料和动手制作，帮助学生设计公益广告。在展示和交流活动中，教师鼓励学生以多元方式进行交流、展示，以期与同伴在思维、情感上"相遇"。最后进行反思改进，对实践过程中的行动及结果做出思考，使其趋于完善。

（三）具体实施建议

1. 准备阶段

收集广告设计的相关资料，再让学生选择一个广告公司对其广告设计师进行实地访谈，让学生了解广告设计师是如何工作的、这个职业需要具备哪些知识技能等。

为了体现广告设计的价值，还需注意广告设计的一般特征，如：设计过程是一个学习过程，设计需要互动。因此开展收集资料活动时，应注意收集广告设计的素材；通过不同类型广告素材的收集，分析总结不同广告的优缺点。对于学生任何一个小的创新想法教师都要注意多加鼓励，激发学生创作的热情，奠定设计制作的信心。

2. 实施阶段

教师引导学生按照自己制订的活动方案去实施。在学生设计广告的过程中，不需要过多地干预学生的思路，要尽量发挥学生的能动性和协作精神，力争使小组中的每一个人都参与设计。教师及时给予学生必要的帮助，解决学生遇到的技术难题，帮助学生顺利完成作品。特别要注意，教师需提醒学生在制作过程中要注意安全。

3. 总结与交流阶段

指导学生开展以"我做广告设计师"为主题的总结与交流活动，分组分享同学的作品，征求具有相关专业知识的老师的意见。同时，将作品集中起来向全校或全班展示，引导学生相互评价、互相借鉴，总结经验和教训，对有价值的创新作品在一定范围内推广。组织学生分享自己对广告设计师这个工作的理解；讲述职业体验中自己的心得和感受；评价在活动中的表现，评述感受深刻的内容等。

五、活动样例　　　>>>>

【活动主题】广告对人们生活的影响

【活动背景】

我们生活在一个广告的时代，每天都不可避免地受到广告的影响，广告不仅改变了产品的命运，也改变了人们的观念。广告与我们的生活密切相连，它对人们生活的影响越来越大。一则成功的广告，往往是一件值得欣赏的艺术品；一句美妙的广告语，往往会勾起人们的无限遐想……因此，引导学生针对身边的广告对我们生活影响的状况进行调查研究，了解广告对人们生活的影响，发现存在的问题，学会健康生活。

【活动目标】

1. 通过对广告的探究，将广告与生活紧密联系在一起，使学生更加热爱生活，能够更积极地面对生活，有利于拓展知识。

2. 深入思考、挖掘广告这一社会热点现象中有价值的问题，将问题转化为有价值的研究课题，提高运用科学方法开展研究的能力。

3. 提升运用信息技术分析问题与解决问题的能力。

【活动准备】

学生：

1. 根据特长、家庭地理位置，自由组合成小组，每组 4~5 人，并推选出组长。

2. 以小组为单位，选定考察地点，制订考察探究方案。

教师：

"广告对人们生活的影响状况调查"综合实践活动自我评价表、综合实践活动小组互评表、综合实践活动家长评价表、综合实践活动教师评价表；随时为学生服务，适时给予指导。

【活动过程】

活动一 查阅文献

子活动1：查阅"广告"的相关新闻

关于"广告"的资料，浩如烟海，先要引导学生有一个基本的方向，即"广告"的相关新闻，通过新闻了解目前广告发展的状况。教师事先为学生准备能上网的计算机教室，并提前准备一些新闻素材。学生分组查阅资料时，教师要及时提醒学生记录下资料的来源等信息，并填入"文献检索资料汇总表"中，查阅完毕各组还要把组员收集到的资料汇总在一起进行整理。

子活动2：资料分类

引导学生将查阅到的资料按广告的利、弊以及其他标准进行分类，为后续考察探究活动奠定基础。

活动二 实地考察

同学们分组到超市、商场等去实地考察广告对我们生活影响的情况。教师引导学生用多种方法记录现场情况，后续再整理资料。

为了更直接地收集有效的信息，可以引导学生现场采访超市或者商场中的人们对广告的看法及建议。教师需指导学生设计好采访提纲，提醒学生采访前、采访中、采访后应注意的问题，并要注意将访谈过程中看到的、听到的、感受到的具体细节记录下来，积累丰富的信息资料。

活动三 问卷调查

子活动1：设计调查问卷

设计调查问卷时，教师可以先让每个小组根据自己的理解和已有的基础，设计自己小组的调查问卷，然后每个小组交流展示。在各组交流展示的基础上，教师给予恰当的指导，让学生明确调查问卷的格式、类型以及注意的问题等。

随着社会的发展，问卷不再仅限于纸质的，随着网络平台的出现，网上问卷越来越普遍，其以方便快捷等优势吸引了大批的问卷设计者。教师可以将网上问卷引入学生的问卷设计活动中，同时引导学生思考、区分网上问卷和传统问卷的区别以及适合的不同人群，根据需要设计网上问卷。

子活动2：发放调查问卷

学生利用课余时间开展调查活动，可以借助电子问卷和传统问卷收集不同人群关于广告对生活影响的反馈信息。教师提醒学生注意问卷分发要顾及不同的面，如校园、不同地域的商场、超市等，保证信息的多元化。

活动四 问卷的整理与分析

子活动1：数据统计

大量的问卷被回收以后，教师引导学生整理并统计问卷。此环节中，线上电子问卷的优势得到了充分的体现，网络平台自动统计数据。教师引导学生用 EXCEL 软件统计纸质问卷上的数据，供分析使用。教师教授学生 COUNTIF 函数的使用方法，学生学着用这一函数统计数据。

子活动 2：数据分析

教师引导学生分析数据，可以使用 EXCEL 软件将统计数据制成图表，并对图表进行分析。提醒学生，对于统计结果要有自己的想法，想一想这样的数据说明了什么，试着挖掘一下数据背后隐藏的故事。

活动五　撰写调查报告

教师指导学生通过撰写调查报告的形式回顾整个研究过程，把最终的研究成果汇总起来得出结论，并以多种方式呈现。而后，进行系统反思、欣赏、展示和评价，为未来的考察探究奠定更坚实的基础。

【活动评价】

完成四份评价表，分别从自我、同学、家长以及老师四个角度出发，对学习过程进行评价。评价目的在于要让学生及时获得关于学习过程的反馈，改进后续活动。教师要切忌评价过程中只重结果、不重过程的现象；要对学生作品进行深入分析和研究，挖掘其背后蕴藏的学生的思想、创意和体验，杜绝对学生作品随意打分和简单排名等做法。

对整个活动进行评价的最终目的不是为了班级或学校的荣誉，而是为了学生个体的发展。因此无论每个小组呈现的研究成果为何，以及思考到何种深度，都应鼓励学生反思整个研究过程，如课题本身质量如何，计划完备与否，工具准备是否妥当齐全，小组合作是否顺利，研究方法的选择和运用是否适宜，方法实施过程中遭遇了哪些挑战，资料的分析与解释是否全面，结论提出是否合理，等等。在反思这些问题的基础上，学生可以意识到自己研究的价值及局限所在，进而可提出改进研究的策略与方法，为未来的研究奠定基础。

【活动拓展】

在活动过程中，有些同学可能已经发现了需要进一步研究和拓展的问题，有兴趣的同学还可以继续研究。教师在活动的最后可以为学生拓宽思路，提供一些建议，开拓视野。比如，广告创意分析，针对一些典型的广告实例进行效果评定，了解广告与消费的关系，等等。此外，对于广告还有很多可以探索的内容。学生在开拓思路的同时，可以发现问题，即找到研究课题，继而开展研究。

六、参考资料 　>>>>>

广告词的创意

广告是一种宣传方式，通过报纸、招贴等介绍商品或文娱体育节目等内容。广告词是广告者从长远的利益出发，在一定时期内反复使用的特定宣传语句。广告词的创作是一门艺术和学问，一个经典的广告词可以让品牌产生无法想象的销售动力。独特的创意十分重要，从某种意义上来讲创意的成功与否关系到广告的目的是否能实现。好的广告词就是品牌的眼睛，它来自好的广告创意。下面，请大家品味一些广告词。

臭名远扬，香飘万里。(一家臭豆腐店广告)

口服心服。(一家矿泉水广告)

讲好普通话，朋友遍天下。(普通话公益广告)

虽是毫末技艺，却是顶上功夫。(某理发店广告)

输入千言万语，打出一片深情。(某计算机公司广告)

抹掉过去，改善现在，创造美好的未来。(美容霜广告)

小心驾驶，阁下无法复印。(交通安全公益广告)

不溶在手，只溶在口。(巧克力广告)

广告对生活影响的利与弊

(一) 广告对人们生活的正面影响

1. 广告帮助消费者丰富生活

现代化的工业企业都是进行专业化生产的。任何一种新产品的问世，都是为了满足消费者的某种需要，改善消费者的生活条件，丰富消费者的物质与文化生活，提高消费者的生活水平。每一项新产品的问世和投放市场，都必须通过广告把有关产品和市场的信息传播给消费者，使消费者产生购买行为，才能达到满足消费者需要的目的。广告通过传播信息，为消费者提供个人消费指导，人们在日常生活中，如家具的采购、食物的选择、工具的择用以及旅行、游乐等，无不借助于广告所提供的信息进行选择。

2. 广告对消费者个人消费的刺激

广告能够帮助消费者对个人消费品进行选购。指导消费者合理地采购物品以改善个人或家庭的生活条件和工作条件，这是广告最起码的功能。广告还有一项重要的功能，这就是刺激消费者的个人消费。广告的连续出现，就是对消费者的消费兴趣与物质欲求进行不断的刺激，从而引起消费者的购买欲望，进而促成其购买行为。

3. 广告对消费者的知识传授

现代广告，五花八门，宣传着各种各样的新商品，同时，也在给消费者传授着各种各样有关生活、工作的新知识。由于现代广告有很大一部分是宣传新发明、新创造的产品，它必须花相当的时间去详细介绍这些新发明和新创造的原理及产品的工作机制，介绍产品的特性、用途和使用方法，从而通过广告简洁地把有关新发明、新创造的知识传授给大众。因此，经常注意广告的人，尤其是注意有关新产品介绍的广告的人，可以了解许多新的发明和创造，从而增长知识，扩大视野，活跃思维。

(二) 广告对人们生活的负面影响

1. 广告由于和商业利润唇齿相依，因此可能会用各种方式甚至是媚俗的方式换取受众的青睐，污染社会环境。

从广告促进销售的实质来讲，无论是广告宣传的产品的质量也好，还是企业的文化也好，都或多或少地产生让人误解的倾向。广告有特定的受众，其他人群尽管不是有意作用的对象，但同时也处于广告的影响之中。比如，有些"少儿不宜"的广告，偏偏在儿童的生活圈中频频出现。这是广告不健康发展的表现。

2. 广告的广泛传播使受众陷于广告的魔幻文化情境中，助长了享乐主义、拜金主义和攀比陋习。

广告为了实现产品的促销，大肆宣传，无形中扭曲了人们的消费观念。人们相互攀比，名牌消费成了趋势。在消费社会的时代，通过物质来表现富裕的生活态度，造成了无休止的追求差异化的竞争，而鼓励享受、鼓励奢华消费的广告无疑会起到推波助澜的作用。

3. 广告宣传的不严肃性，扭曲了传统文化，影响了社会文化的正常发展。

由于广告广泛传播和频繁出现，广告语言往往被人们所熟知，进而成为流行语。广告设计者在创作广告的时候有时考虑了广告的效应却忽略了文化本身。一些不良的广告用语，扭曲了千百年来积淀下来的社会文化。调查表明：当广告词成为一个地区的流行语时，没有掌握这种流行语的人就产生一种压力。该群体就会在压力的驱使下努力去学习这些所谓的"时髦语言"，以此来紧跟时代的步伐。这些流行语有的是低级趣味的，有的是误人子弟的。这样的广告极大地影响了孩子身心的健康发展。有些不良用语有时还会负载着一些不良的价值观和世界观。

一、主题设计思路

    本主题是根据《纲要》推荐的主题"3D 设计与打印技术的初步应用"而设计的。随着技术的不断发展与更迭,3D 打印技术的应用已经从科研院校渗透到大众范畴。近年来,3D 打印技术已经慢慢褪去它神秘的面纱,开始进入中小学生的日常学习中。本课题的设计目的是,希望能进一步拉近 3D 打印技术与学生之间的联系,通过对新技术的应用,激发学生探究的积极性和主动性;在实践制作中,发展学生的创新精神,提高学生的实践能力,感受新技术的魅力。

    九年级学生经过了小学六年和初中两年多的学习,已经培养了一定的技术和信息素养;在知识和能力上也有了一定的储备,面对新技术能够很快了解其中蕴含的原理,并敢于尝试利用新技术进行实践操作。通过此次的实践学习,希望能够让学生更深刻地了解 3D 打印技术的知识,能够亲自实践操作,开阔视野,提高学生的创新能力,感受 3D 打印技术对解决生活实际问题的意义。

    围绕 3D 打印技术,学生可以开展的课题有很多,如 3D 打印与普通打印的异同、3D 打印技术的应用现状调查、3D 打印技术的应用实践等。资源包引导学生根据自己的兴趣和能力选择其中一个或多个课题开展活动,也可以选择与 3D 打印技术有关的其他课题开展活动。资源包选取了两个相对独立又紧密联系的课题"3D 打印技术应用现状调查""3D 打印技术的实践",涉及综合实践的四大主要活动方式中的考察探究和设计制作,并将其活动过程和活动方法呈现出来,供研究参考。课题实施中也可根据学校和学生情况,适当调整内容开展活动。

二、主题目标

    1. 通过对 3D 打印技术的考察探究,感受新技术对生活的影响,体会新技术中的创新精神。在实践制作过程中,精益求精,体悟工匠精神,感受技术的魅力。

    2. 在开展活动中,能够关注校园和生活中的问题,提出有价值的解决方案。将解决方案中的创意付诸实践,通过设计、制作或装配,物化成果,提高学生的创新能力和物化能力，从而不断提升学生的技术核心素养。

3. 通过考察探究 3D 打印技术的应用，进一步学习文献研究法、问卷调查法、访谈法等研究方法，了解 3D 打印技术的基本知识和使用现状。

三、主题实施建议

教师带领学生开展活动的时候，需要结合当地科技实践活动展开，如中小学生创客比赛等，也可与 STEM 教育相结合，将技术与学科知识更好地结合起来，让技术落到实处，也让学生真实、深刻地感受到技术能够切实为我们的生活带来创意与改变。在活动内容的选择上，教师应该根据学校情况、学生情况以及当地的社会资源情况进行综合考虑。比如，可以带领学生走进企业、研究院所或者高等院校实验室，让学生亲身感受 3D 设计和打印在科研和实际应用中的价值，接触到更高端的 3D 打印技术。教师也可借助视频、图片等资料，向学生展示 3D 设计和打印的应用情况。

教师可以先从课题 1 开始引入，让学生在宏观上对 3D 设计与打印技术有一个初步的了解。让学生通过文献调查、访谈、问卷等研究方法，梳理出 3D 打印技术的发展历史以及未来技术的应用前景。在分享的过程中，相互补充，增加彼此对 3D 打印技术的认知。在开展课题 2 的活动时，学生可从软件和硬件两个方面进行学习和实践，掌握新技术的基本操作方法，尝试自主合作完成一个作品。课题 1 和课题 2 要根据学校及师生情况开展，如果不具备设备条件，可以根据实际情况，调整内容开展活动。两个课题既可以相互联系，又可独立进行。

课题 1 "3D 打印技术应用现状调查" 属于考察探究活动，活动重点应放在各组对 3D 打印技术在不同领域、不同时段应用情况的调查。在开展活动前，教师要根据各组的研究主题、选用的研究方法进行指导，引导学生使用恰当的研究方法，开展调查研究活动。引导学生梳理调查结果，并尝试进行数据整理与分析，通过分享的方式展现各组的调查结果，给出多元化评价。在开展交流活动后，引导学生进行拓展，通过思维导图、研究报告等多样的方式，进行成果物化，并利用网页、微信平台、学校宣传栏等方式进行交流展示，让更多的同学了解 3D 打印技术的应用情况。

课题 2 "3D 打印技术的实践" 属于设计制作活动。完成前面的调研后，学生对 3D 打印技术有了一定的了解，可以再根据生活中实际存在的问题，选取 3D 打印内容，感受利用技术解决生活实际问题的过程。在设计作品的过程中，可以给学生留有较大的创意空间，学生在保证作品实用性的前提下，通过 3D 打印技术可以尝试提高作品的美观性和创意性。教师在教学过程中，不仅要对 3D 设计与打印技术进行讲解，同时要引导学生关注生活中的问题，根据不同的设计主题提出改进方案并实施，让学生亲身经历 3D 打印的过程。学生在实践过程中，会出现新的问题，教师要及时组织讨论，帮助学生调整、解决问题。由于学生的程度不同，学生的实践不一定都是成功的，这就需要教师在评价的过程中，不仅看实物成果，还要关注学生实践过程，给出过程性评价。可以及时鼓励学生，不要气馁，大胆尝试，感受技术的魅力。针对学生的成果，依旧要借助多元化评价给出多维度的点评，突出亮点，针对不足给出合理意见，引导学生进行深入思考。

四、各课题设计意图及实施建议　>>>>

课题 1　3D 打印技术应用现状调查

（一）活动时长建议

建议用 7~8 课时完成课题 1 中的各项活动：其中制订活动方案用 1 课时，收集资料用 1 课时，实地考察用 1 课时，问卷调查用 1 课时，问卷的整理与分析和访谈用 1 课时，完成调查报告用 1 课时，展示与交流用 1~2 课时。

（二）活动设计意图

本课题是考察探究类活动，主要是引导学生以 3D 打印技术应用现状为切入点，开展深入的调查与研究，旨在让学生对 3D 打印技术有一个初步的了解，感受新技术的魅力及其在各行各业中的应用情况。本课题围绕考察探究活动的三个基本阶段进行设计。课题确立与启动阶段，设计有制订方案活动，学生制订出相应的活动计划，来指引后续的整个研究活动。课题实施阶段，收集资料的活动引导学生对 3D 打印技术的发展有一个比较全面的了解；实地考察活动让学生近距离感受 3D 打印技术的硬件和软件的使用情况，学生设计访谈提纲和调查问卷，通过两种调查方式收集使用 3D 打印技术相关人士的看法；访谈、问卷的整理与分析活动是访谈和问卷调查活动的延续；最后，结合前面的调查研究，指导学生完成一份完整的关于 3D 打印技术应用情况的调查报告。课题总结与展示阶段，开展展示与交流活动，鼓励学生以多种方式呈现研究成果以及心得体会，将研究成果通过网页、微信、校内宣传栏等方式进行展示，让更多的学生了解 3D 打印技术的魅力。

由于九年级的学生已经具备了相关的知识基础和调查实践能力，因此在用文献调查的方法初步了解 3D 打印技术应用现状的基础上，可以设计与 3D 打印相关的实地考察、问卷调查、展示与交流等实践活动。学生在积极的实践体验中，可以加深对 3D 打印技术的认知，感受新技术对生活的影响。

（三）具体实施建议

1. 准备阶段

指导教师选择合理的方式创设活动情境，既能自然导出活动主题，又能激发学生参与活动的热情，还能为后续的活动埋下伏笔。在创设这个主题情境时，教师可以出示图片（或影片），如影片《十二生肖》中借助 3D 打印技术还原文物的图片（或影片片段），以及利用 3D 打印技术完成房屋的搭建图片（或视频片段）。引导学生围绕上述两个图片（视频片段）进行讨论，感受 3D 打印技术的发展及其对生活的影响。

随后，指导学生制订合理可行的活动方案，培养学生的设计能力，并对方案进行科学论证。在这个过程中，每个小组成员都应该积极地表达自己的想法，充分地进行讨论协商，集思广益，形成最佳方案。

制订好方案后，教师一定要引导学生进行合理分工，使每个学生都有明确的任务，成为开展活动中不可缺少的一员。实现真正意义上的小组合作，随后指导学生依据活动方案的设计内容准备必要的活动工具。

2. 实施阶段

收集资料。引导学生学会取舍资料，把有用信息填入"文献检索资料汇总表"中。为了确保收集信息的真实性和科学性，引导学生用权威性网站进行资料的查阅。资料收集结束后，引导学生将众多的信息进行分类，便于在开展活动过程中进行信息的查找及成果展示。在文献查阅中，指导教师还需引导学生相互交流资料和经验，提高学生收集资料的能力。

实地考察。通过文献调查的方式，学生们已经对 3D 打印技术的应用情况有了一定的了解。那么 3D 打印技术需要什么样的软件与硬件支持呢？这就需要学生近距离观察 3D 打印机、接触 3D 设计软件、感受 3D 打印的过程。通过接触软件与硬件设施，学生可以感受不同的软件、硬件设备对打印的质量和效率的影响。

访谈。教师指导学生围绕课题，根据访谈对象的特点，制订有针对性的访谈提纲，并对访谈过程进行记录。记录方式可以是纸笔记录、录音、录像记录，也可以是多种记录方式同时使用。访谈后要及时整理访谈数据，筛选出有效信息。

问卷调查。教师指导学生围绕调查的初衷，也就是调查目的设计调查问卷，引导学生明确问卷的格式、类型等。根据不同的调查群体，选择不同的问卷发放方式。教师提醒学生调查中应注意的问题，以确保调查结果的科学性。

整理与分析。教师引导学生利用 EXCEL 软件制作表格，对问卷进行数据整合与统计，获得想要的结果。进一步引导学生将得到的数据转换成数据图（条形图、折线图、饼图等），直观呈现问卷的调查结果。

调查报告。引导学生梳理考察探究过程，将 3D 打印技术应用现状梳理成文字信息，形成调查报告。

3. 总结与交流阶段

开拓学生思路，根据成果选择适当的呈现方式进行表达和交流。交流方式多样，可利用网页、微信、校内宣传栏等多种方式进行展示，让更多的人通过学生的研究，关注 3D 打印技术的应用现状。在展示过程中，提高学生信息技术能力，使他们善于使用现代化、信息化的手段来进行交流与展示。

不限定学生思路，但可以提供一些参考，如主要展示内容可以包括收集的有关 3D 打印技术应用现状的文字、图片、采集的照片等资料；分析调查中的记录材料，交流调查过程中的典型事例和感受，向班级汇报调查结果；小组交流调查情况和自己的感受及体验等。同时教师要注意对原始材料的保存，留下学生成长发展的足迹，对活动过程中的体验、认识和收获进行总结和反思。

在本课题的实践活动中，可引导学生围绕以下问题进行总结反思：你对 3D 打印技术有了哪些新的认识？你在研究过程中遇到了哪些困难？你是怎样克服困难的？整个活动过程中你有哪些体会？你认为本课题活动中有没有不足的地方？如何改进调查问题可以使得调查结果更有价值？等等。

课题2　3D打印技术的实践

（一）活动时长建议

建议用7~8课时完成课题2中的活动。其中收集制作模型的资料用1课时，3D设计软件学习用1课时，3D建模用2课时，准备材料和调试打印用2课时，展示交流用1课时，反思与改进用1课时（可省略）。

（二）活动设计意图

本课题是设计制作类活动，意在提高学生3D设计与打印技术水平，鼓励学生利用3D打印技术来解决生活中的实际问题。本课题为学生提供了三个方面的设计主题：粉笔盒、修复教具、修复文物。教师可根据实际情况进行选择，引导学生根据课题，先观察生活中的实际物品，确定设计模型的尺寸，再学习3D设计软件的使用方法，了解各个参数的意义。同时，在设计模型的过程中，要注意是否方便打印，选好基准面，是否需要使用支撑等。同时，要引导学生思考打印后的部件能否正常使用或者顺利安装。在设计的过程中，教师要注意激发学生的创新思维，制订不同的设计方案；在打印的过程中，要引导学生关注打印参数的设置，权衡打印时间、打印质量，设定打印参数；打印完毕后，尝试作品应用，关注使用效果，并梳理设计、打印、使用的过程与结果。设计和打印过程中，可能会出现失败，教师要注意引导学生关注过程，记录失败原因并进行调整优化。同时，还要引导学生正确看待失败，不气馁，不断调整改进，坚持到底，用积极的心态来面对失败。在这个过程中，注意关注学生的过程积累，不断调整，不断优化，精益求精，感受工匠精神。

（三）具体实施建议

1. 准备阶段

教师需要根据实际情况，为学生准备好3D打印的硬件、软件设备。同时教师要根据客观条件、学生情况综合考虑，选取适合开展的主题，注意难度、时间的把握。为了更好地提升学生的创意设计能力，教师要引导学生学习软件的基本使用，能够在一定程度上进行自主设计，通过3D设计软件完成设计图，用立体图形的方式进行图样表达。在设计的过程中，强调设计的基本要素、合理工序等，确保模型设计的合理性和实用性。在设计的过程中，教师要注意学生的生成性问题和迸发出的设计灵感，不断调整设计方案，优化设计。教师还要注意发现学生的闪光点，积极鼓励，激发学生创作的热情，奠定设计制作的信心。

2. 实施阶段

教师先对 3D 打印机的基本结构和功能进行介绍，强调机器使用要点和安全注意事项；再引导学生调整打印机，设置参数，开始打印自己设计的 3D 模型。在打印的过程中，教师引导学生注意过程记录，并及时给予学生必要的帮助，解决学生遇到的技术难题，帮助学生顺利完成作品的打印。

3. 总结与交流阶段

组织以"新技术助力××制作"为主题的设计制作展示交流会，分组分享同学的创意作品；征求该领域权威老师的意见，引导学生思考如何调整设计，对产品做进一步的优化改造。同时，可将优秀作品在年级或全校展示，让更多的学生学习交流，提出更多的意见，有条件的还可以对有价值的创新产品进行推广使用。

五、活动样例　　　　　　　　　　　　　　　>>>>>

【活动主题】运用现代技术进行兵马俑原貌再现的实践研究

【活动背景】

随着课程改革的不断深化和推进，基础教育正面临着一场全方位的变革。目前的教育途径主要来自课堂教学，侧重理论知识的习得，每个学科都有自己的知识领域。而在学生的头脑中，还未将这些领域的知识很好地结合使用。随着综合实践活动的开展，学生在活动中通过观察记录、实践体验、动手制作，能够很好地将各个学科的知识和技能进行融合。学生通过亲自动手实践，不仅能够让他们更深刻地体会各学科知识的真谛，还能让他们在创作的过程中，提升自己的学习能力、动手能力、表现能力、创新能力、合作能力等。

为更好地促进学生科技素养和文化素养的提升，学校利用暑期时间，开展了运用现代技术进行兵马俑原貌再现的科技实践活动。本次活动以秦文化为主线，让学生阅读书籍、网上收集西安古都文化知识，提前了解秦文化；游览古都西安，感受民族文化，亲临兵马俑场馆，见证世界奇迹；进入高校实践基地，参观金工实习车间，学习 3D 打印知识，利用 3D 打印技术打印立体兵马俑模型，实现古文物原貌再现。

本校学生普遍具有一定的自学能力，但缺乏探究意识和动手能力，各学科知识综合运用能力较为薄弱。

学生对实践活动兴趣极高，有很强的参与性和求知欲，通过提前查阅资料、实地观测记录、学习操作技能、亲自完成兵马俑的 3D 模型等活动，可以有效地提升学生的研究意识和动手能力。在活动中，对学生进行传统文化的渗透，学生的艺术欣赏水平、动手能力、合作能力都有一定提升。

学生将在这次系列活动中，通过观察记录、实践体验、动手制作等方式，利用现代技术呈现我国的传统文化，实现传统文化和现代技术的完美结合。

【活动目标】

1. 通过查阅资料和实地考察了解秦文化；基本了解三维设计软件的使用方法、3D 打印的操作要领，完成兵马俑模型的制作。

2. 能够通过查阅文献、实地考察等方式自主了解兵马俑的相关知识；基本掌握 3D 打印的操作要领。通过实践活动提升学生的观察能力、操作能力、研究能力与合作能力。

3. 通过实践活动感受传统文化、通过科技活动，激发学生对科学技术的兴趣，启迪创造意识，培养创新能力。

【活动准备】

1. 活动需求

西安当地专业讲解员、清华大学指导老师、学校指导教师；

西安兵马俑博物馆、清华大学实践活动基地、3D 打印教室；

3D 打印材料、3D 打印机、三维设计软件。

2. 活动安排

活动一　暑期北京、西安两地实践活动前置性学习

活动地点：学校、家庭

自主翻阅书籍或上网收集秦文化知识（陕西历史博物馆、兵马俑知识等），对西安古城文化进行初步了解，并将收集到的材料进行整理。

活动二　亲临古都西安，开展暑期研学活动，感受古城文化

参观地点：西安兵马俑，黄河壶口瀑布，黄帝陵，半坡遗址

活动三　畅游清华园，参观实验室、金工实习车间，学习 3D 打印技术

活动地点：清华大学实践活动基地

携手清华大学实践活动基地，利用丰富的教育教学资源，开展科学技术学习。学生通过参观实验室、金工实习车间，了解现代工业技术，感受金工技术特点，培养学科的能力与素养，并在实践基地学习 3D 打印技术。学会使用后，打印一个 3D 兵马俑，感悟古代文明的魅力。

【活动过程】

第一阶段　资料收集

学生通过查阅文献、访谈等方式，了解秦文化、兵马俑的相关资料并制作学习单。

（1）查阅资料提纲

兵马俑是什么年代由谁制造的？

兵马俑是如何被发现的，又是如何被挖掘的？

兵马俑是如何制造的？

兵马俑为何被列入世界八大奇迹？

（2）文献综述

兵马俑，即秦始皇兵马俑，亦简称秦兵马俑或秦俑，位于今陕西省西安市临潼区秦始

皇陵以东 1.5 公里处的兵马俑坑内。兵马俑是古代墓葬雕塑的一个类别。据《史记》记载：秦始皇陵由丞相李斯依惯例开始主持规划设计，大将章邯监工，修筑时间达 39 年之久，兵马俑是修筑秦陵时制作并埋入随葬坑内。

1974 年 3 月，临潼县骊山镇西杨村农民，在陵东 1.5 公里的地方打井时，发现几个破碎的用泥土烧制的跟真人一样大小的陶俑，经陕西省考古队勘探和试掘，兵马俑重见天日。一号坑由农民打井偶然发现，而二号坑则是考古工作者经过钻探的科学发现。1976 年 4~5 月，考古队在一号坑的东端北侧有目的地开展钻探工作，于 4 月 23 日又发现了一个有兵马俑的坑。三号坑的发现，同二号坑一样，是考古队经过钻探的结果。继一、二号兵马俑坑之后，1976 年 5 月 11 日，考古人员又在一号坑西端北侧 25 米处，钻探发现了一个陪葬坑。根据发现的先后，该坑被编号为三号坑。

兵马俑从身份上区分，主要有士兵与军吏两大类，军吏又有低级、中级、高级之别。一般士兵不戴冠，而军吏戴冠，普通军吏的冠与将军的冠又不相同，甚至铠甲也有区别。其中的兵俑包括步兵、骑兵、车兵三类。根据实战需要，不同兵种的武士装备各异。

兵马俑独具历史文化价值。它打开了观察那个时代的窗口，改变了人们对历史的看法，具有震撼世人的卓越的艺术成就。兵马俑坑文物的出土也较大幅度地改写了人们对秦代的科技水平的认识，以大量的实证材料形象地展现了秦代生产力的发展水平。1987 年，秦始皇陵及兵马俑坑被联合国教科文组织批准列入《世界遗产名录》，并被誉为"世界第八大奇迹"。

（3）访谈

访谈对象：历史老师

访谈提纲：

· 请问兵马俑是秦始皇时期建成的吗？它是秦始皇的墓穴吗？

· 您能给我们推荐一些关于兵马俑的书籍吗？

· 您认为我们在西安秦始皇兵马俑中应重点参观哪些内容呢？

· 您认为我们在参观前应该做哪些准备呢？

第二阶段 实地考察

亲临古都西安，参观秦始皇兵马俑遗址，感受秦文化。

暑期我们来到古都西安，走进我们期待已久的秦始皇兵马俑博物馆进行参观学习。我们震撼于兵马俑的壮观，同时也遗憾地发现很多秦俑都是残缺不全的，更看不到文献中所描述的颜色。根据讲解，我们了解到了考古学家在挖掘时的艰辛，以及由于技术问题没能再继续挖掘的无奈。

第三阶段 技术学习

兵马俑的样子还清晰地印在大家的脑海中，我们能不能借助现代技术让昔日的兵马俑风采再现？带着这样的疑问，我们走进了清华大学校园，实地参观了 3D 技术实验室、金工实习车间。在这里，我们第一次接触并学习了 3D 打印技术，并尝试打印缩小版的兵马俑模型。

第四阶段 动手实践

（1）3D 打印工艺流程

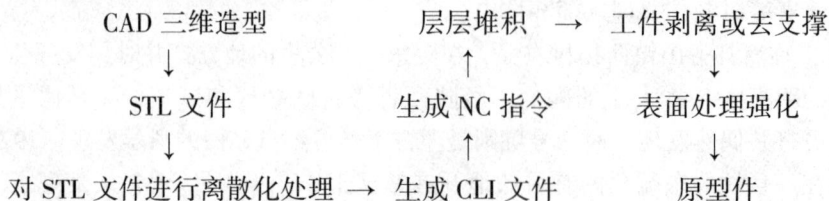

CAD 三维造型　　　　　层层堆积　→　工件剥离或去支撑

↓　　　　　　　　　　↑　　　　　　　↓

STL 文件　　　　　　生成 NC 指令　　表面处理强化

↓　　　　　　　　　　↑　　　　　　　↓

对 STL 文件进行离散化处理　→　生成 CLI 文件　　　原型件

（2）常用 3D 打印工艺类型

包括主体光刻工艺、选择性激光烧结工艺、熔融沉积制造工艺、分层实体制造工艺。本次使用的 3D 打印工艺是分层实体制作工艺。

（3）常用 3D 打印材料

金属、塑料、ABS 工程塑料、砂。本次使用的 3D 打印材料是塑料。

（4）熔融挤压工艺 3D 打印机参数记录

机器型号 FPRNTA 所用软件为 Auro，FM 材料名称为 ADS 工程塑料。打印零件名称为"站立兵马俑"。材料重量为 11.2g，层厚为 0.3，层数为 191，打印时间为 31 分钟，主喷头温度为 230℃，副喷头温度为 220℃，成型室温度为 50℃。

选用站立兵马俑为制作对象是由于查阅了很多兵马俑的种类，站立兵马俑是比较有代表性的一种，外形也比较简单，操作相对方便。在打印过程中，分别体验以兵马俑背部、脚部为基准面打印，对比打印效果，体验基准面不同对兵马俑打印效果的影响。

采用不同基准面打印效果对比分析如下表所示。

基准面	打印效果
背部	打印速度较快、在后期加工处理时，不易损坏工件，精度高
脚部	打印速度较慢，在后期加工处理时，较麻烦、易损坏工件，精度不高

在打印前期选择基准面是很重要的，要选择工件与支架接触面积大、细节打印少、较为平滑的一面，确保后期加工处理时工件的完成程度。

【成果展示与多元化评价】

本次活动的成果是多元的，不仅有 3D 打印的实验报告、3D 模型，还有学生在实践活动中拓展创作的剧本、活动剪影等。我们将成果进行梳理，可以看出活动中学生涌现出许多精彩的创意、想法。这些在过程性材料中都有所记录，整个活动对学生的成长产生了促进作用。在评价过程中，我们也采用了多元化的评价方式：对学生作品进行展示，请全校学生进行点评和投票；专业教师对学生作品进行专业指导；将学生作品收集成册，积淀资源。

【活动拓展】

此次打印的 3D 兵马俑虽然形似，但是面部细节不够凸显，模型有杂质。这说明在设计过程中，细节设计有待提高；并且在选用打印材料时，可以选用更加优质的材料。

由于此次 3D 打印实践活动是依托高校实践活动基地开展，受活动场所限制，不能让更多的孩子参与。跟学校积极沟通之后，我校购置 3D 打印机并开设相关课程，推动了对 3D 打印技术的学习。

六、参考资料

3D 打印技术的发展

3D 打印源自 100 多年前的照相雕塑和地貌成形技术，20 世纪 80 年代已有雏形，其学名为"快速成型"。它的原理是把数据和原料放进机器中，机器会按照程序把产品一层层造出来，打印出的产品可以即时使用。

3D 打印机，即实现快速成形技术的一种机器，它以数字模型文件为基础，运用粉末状金属或塑料等可黏合材料，通过逐层打印的方式来构造物体。过去其常在模具制造、工业设计等领域中用来制造模型，现正逐渐用于一些产品的直接制造。特别是一些高价值应用（比如，髋关节、牙或一些飞机零部件），已经有使用这种技术打印而成的零部件。3D 打印机的产量以及销量在 21 世纪以来就已经得到了极大的增长，其价格也正逐年下降。该技术在珠宝、鞋类、工业设计、建筑、工程和施工、汽车、航空航天、牙科和医疗产业、教育、地理信息系统、土木工程以及其他领域都有所应用。

3D 打印机可以用各种原料打印三维模型。工程师使用 3D 辅助设计软件设计出一个模型或原型之后，无论是一所房子还是人工心脏瓣膜，都可以通过相关公司生产的 3D 打印机进行打印。打印的原料可以是有机或者无机的材料，如橡胶、塑料。不同的打印机厂商所提供的打印材质不同。

目前，3D 打印已经成为一种潮流，并开始广泛应用在设计领域，尤其是工业设计、数码产品开模等。利用 3D 打印，可以在数小时内完成一个模具的打印，节约了很多产品从开发到投入市场的时间。

3D 打印技术的应用

3D 打印机的应用对象可以是任何行业，只要这些行业需要模型和原型。业内人士认为，3D 打印机需求量较大的行业包括政府、航天和国防、医疗设备、高科技、教育业以及制造业。

科学研究——美国德雷塞尔大学的研究人员通过对化石进行 3D 扫描，利用 3D 打印技术做出了适合研究的 3D 模型，不但保留了原化石所有的外在特征，同时还进行了比例缩减，更适合研究。

产品原型——比如微软的 3D 模型打印车间，在产品设计出来之后，通过 3D 打印机打印出模型，能够让设计制造部门更好地改良产品，打造出更出色的产品。

文物保护——博物馆里常常会用很多复杂的替代品来保护原始作品不受环境或意外事件的伤害，同时复制品也能使艺术或文物影响到更多更远的人。史密森尼博物馆就因为原始的托马斯·杰斐逊雕塑要放在弗吉尼亚州展览，所以博物馆用了一个巨大的 3D 打印替代品放在了原来雕塑的位置。

建筑设计——在建筑业里，工程师和设计师们已经接受了用 3D 打印机打印的建筑模型。这种方法快速、成本低、环保，制作精美，完全合乎设计者的要求，同时又能节省大量材料。

制造业——制造业也需要很多 3D 打印产品，因为 3D 打印无论是在成本、速度和精确度上都要比传统制造好很多。而 3D 打印技术本身非常适合大规模生产，所以制造业利用 3D 技术能带来很多好处，甚至连质量控制都不再是个问题。

食品产业——没错，就是"打印"食品。研究人员已经开始尝试打印巧克力了。或许在不久的将来，很多看起来一模一样的食品就是用食品 3D 打印机"打印"出来的。当然，到那时可能人工制作的食品会贵很多。

汽车制造业——不是说你的车是 3D 打印机打印出来的（当然或许有一天这也有可能），而是说汽车行业在进行安全性测试等工作时，会将一些非关键部件用 3D 打印的产品替代，在追求效率的同时降低成本。

配件、饰品——这是最广阔的一个市场。不管是你的个性笔筒，还是有你半身浮雕的手机外壳，抑或是你和爱人拥有的世界上独一无二的戒指，都有可能是通过 3D 打印机打印出来的。

主题七 校园禁毒宣传活动策划与实施

一、主题设计思路

国家禁毒委、中央综治办、教育部、共青团中央《关于进一步加强中小学生毒品预防教育工作的通知》中明确指出："从 2003 年春季开始，在小学五年级至高中二年级全面开展毒品预防主题教育。"青少年风华正茂，正处在长身体、学知识的黄金年龄，但因为年龄较小、涉世浅，对于诸如毒品等社会上的丑恶事物的认识能力和防范能力还不足。而且现在很多毒品正伪装成"零食"进入学生的生活，一些在校中学生无意中就吸食了毒品、参与了毒品交易。这些现象给我们敲响了警钟，在校园开展禁毒宣传活动迫在眉睫。在全校范围内要广泛普及禁毒防毒知识，增强禁毒观念和禁毒意识，提高学生对毒品及其危害的认识能力、抵御能力，在学校、社区、家庭、社会形成良好的防毒、禁毒氛围。

九年级的学生在《道德与法治》以及《生物》课程的学习中，粗略地了解过关于毒品的内容，平时也参观过毒品危害的宣传，加上观看影视作品等，对于毒品及其危害或多或少有所了解。学生对于毒品的危害已经有了基本判断能力，这为我们开展活动奠定了一定的基础；学生过去参与过一些主题活动，有了一定的活动设计参与能力，这些经验可以在本活动中加以借鉴；这个阶段的学生好奇心、求知欲比较旺盛，学生参与活动的积极性较高，这些因素有利于活动的开展。同时也要看到，青少年涉世不深，明辨是非的能力有限，活动中要及时进行正面教育与引领，避免学生的思想行为出现偏差。

本主题根据九年级学生的认知特点和学习能力水平，为学生展示了"校园禁毒宣传活动策划与实施"项目设计及社会服务活动的方法指导。项目设计遵循探究性，紧密结合学生的生活经验和社会实际，以调查、访谈、方案设计、反思改进等为主要活动方式，以禁毒宣传为重要载体，通过多种方式拓展学生对毒品的种类和危害及禁毒法的认识，培养学生的社会责任感。

二、主题目标

1. 通过资料收集、访谈等活动，了解毒品的种类及危害，提高对毒品危害性的认识；通过方案策划与实施，主动服务社区，形成服务意识，强化社会责任，营造健康、文明、和谐的社会环境。

2. 在收集资料、访谈、方案设计与优化中，培养学生收集和处理资料的能力、与人交往的能力；通过方案设计、交流活动，提升学生的表达能力、分析归纳能力、自我评价的能力，学习、掌握宣传策划活动的组织实施方式。

3. 通过校园禁毒宣传活动的策划与实施，提高拒毒、防毒的意识和能力，自觉远离毒品；掌握设计活动方案和开展活动宣传的组织方式。

三、主题实施建议

本主题属于项目设计活动与社会服务活动的有机结合，学生在开展具体的活动策划实施中，可以采用资源包提供的方式来组织。该主题可以借助学校德育活动开展，争取政教处、团委的支持。具体组织形式可以采取班级为单位共同实施本主题，在年级、学校范围内进行宣传教育。活动方式的选择根据社区资源情况确定，可以到图书馆、公安局、禁毒稽查大队、科普馆等场所去收集第一手资料；也可以去当地派出所、社区居委会了解所开展的禁毒宣传活动，学习宣传活动的组织实施方式。

主题的拓展延伸可以采用"禁毒宣传进社区"的形式，让学生继续关注禁毒宣传活动，提高自身安全意识，净化社会环境，积极行动起来，到社区及其他公共场所做禁毒的宣传践行者，开展"小手拉大手、大手护小手"活动，在全社会筑起禁毒长城。引导学生对自己在整个活动中所表现出来的资料收集和处理能力、方案策划和实施能力等进行全面反思改进，提高社会适应能力和运用知识解决实际问题的能力，增强社会责任感和使命感。

四、课题设计意图及实施建议

（一）活动时长建议

建议用 1~2 周完成本研究课题的各项活动。其中，准备阶段的课题确定、分组安排可用 1 课时在课堂上完成；实施阶段的查阅资料、访谈、处理资料及方案的策划、优化与实施可分散在课外完成。期间，根据情况可以安排 1~2 课时的进行进度调度、解决遇到的困难。"禁毒"主题班会的召开、总结交流及反思评价建议用 1~2 个课时完成。

（二）活动设计意图

九年级学生风华正茂，正处在长身体、学知识的黄金年龄，但因世界观、人生观、价值观还在形成期，对于毒品等社会上的丑恶事物的认识能力和防范能力还不足，很容易步入深渊。开展这个课题的研究有助于培养学生对社会生活现象的深入思考，培养安全意识和社会责任担当。

本课题中设计了两项主要活动——策划方案与实施方案。

策划方案即项目设计活动。学生首先要通过查阅资料，了解毒品及其危害，学习宣传策划活动的组织实施方式；通过访谈，了解当地吸毒、贩毒及禁毒宣传的情况；为校园禁毒活动方案的设计做好准备。制订好方案后，各小组就禁毒知识内容的选择、宣传的方式、方法等重点内容进行展示，进一步修改和完善自己的宣传计划，进行方案的优化调整，形成一个班级的集体活动方案。

实施方案即社会服务活动。按照方案设计准备好禁毒宣传活动的材料物品，如制作活动宣传海报、制作宣传展板、印制宣传材料、准备场地等，在校园内开展禁毒宣传；召开班级禁毒班会；举行"预防毒品，珍爱生命"签名活动，引导学生以签名的形式约束自己的行为，增强活动宣传效果。

九年级的学生已经拥有较强的实践与研究能力。在此基础上，开展调查、访谈、方案策划与实施等活动，可以帮助学生充分发挥自身的能力。

（三）具体实施建议

1. 准备阶段

（1）激发学生对于该课题研究的兴趣。可以播放毒品危害生命安全的视频案例，提高全体同学对毒品的警戒之心，激发开展禁毒宣传的热情和兴趣。

（2）进行分组并确定课题。在这个过程中，教师根据班级总体的分组和本课题研究需求对各小组的课题和人员进行调整和平衡，帮助全体同学确立组长、组员名单及分工职责等具体事宜，并进一步明确研究的课题。

（3）在组员和课题确定的情况下，每个小组选择指导教师，制订并填写活动的方案，明确每位成员的研究任务；访谈的时间、地点、行程应尽量详细具体，便于活动的实施；教师要做好提前沟通联系，确保学生活动的安全。

2. 实施阶段

做好准备之后，学生开始收集与研究内容相关的资料，主要了解毒品的种类、危害，禁毒法等法规。进而通过访谈等方式了解吸毒、禁毒的开展情况，学生应及时将收集到的各种资料按照内容进行分类、整理，各小组做好宣传活动方案的制订。教师主要是指导学生做好方案的分享交流，帮助学生做好方案实施期间的计划调整，协调进度，合理安排分工，准备好各种材料，如展板制作、宣传页印制、场地布置等。最后，学生在校园内开展"预防毒品，珍爱生命"签名活动，推介各班召开禁毒主题班会，全力抵制毒品进校园。

3. 总结与交流阶段

教师应指导学生通过组织禁毒宣传感言评选、禁毒漫画宣传展等形式展示自己的成果。最佳方案便是举行一次成果汇报会，由学生利用多媒体设备将自己在活动过程中的收获、心得、所见所闻进行充分展示，包括一些录音、录影资料。此外，可以让学生分享在活动中承担的任务、如何完成、方案制订的好建议、展板内容如何选择等，凸显综合实践活动课程的人文教育功能。

五、活动样例

【活动主题】 校园禁毒宣传活动策划与实施

【活动目标】

1. 通过观看吸毒危害案例视频，对毒品及危害有更深入的了解。

2. 通过资料收集、访谈等活动，提高对毒品危害性的认识，学习、掌握宣传策划活动的组织、实施方式。

3. 参与校园禁毒宣传活动，形成服务社会的意识，提高责任感，营造健康、文明、和谐的社会环境。

4. 在整个宣传策划实施中，学会收集资料、分析应用，培养收集处理资料的能力和与人交往的能力。

【活动准备】

1. 收集毒品危害案例、宣传《禁毒法》的视频资料。

2. 收集各种禁毒宣传资料。

3. 制作多媒体课件。

【活动过程】

情境创设

1. 通过播放吸毒贩毒案例的影像，引导学生关注毒品对人们特别是青少年身心健康的危害，激起去阻止毒品、宣传禁毒的社会责任感。

2. 开展"毒品知多少"竞赛活动，提高学生对毒品种类、危害以及新型毒品发展的认识，激发学生的活动兴趣。

课题确定

如何去开展力所能及的宣传活动？宣传什么？怎样宣传？需要准备什么？学生都会有自己的计划。这时，教师要充分利用学生的社会责任担当意识，指导学生基于自身实际去为宣传活动做好充足的准备。通过各种途径收集与毒品有关的资料，资料形式可以是文字、图片、案例、法规等；了解本社区、居住地等开展禁毒宣传的情况。各小组充分讨论、进行资料归纳整理，由此提出本次综合实践活动的课题确定为"校园禁毒宣传活动策划与实施"，全班学生一起努力，齐心协力，共同开展校园内的禁毒宣传活动。以此为突破口，全校掀起禁毒从校园、到社区、到社会的全民禁毒大宣传、大行动，共同构建文明健康的安全社会。

【活动实施】

1. 查阅及整理分析资料

引导学生在开展宣传活动前，能够从图书馆、禁毒大队、戒毒所、网络等多渠道获取各种形式的资料，对毒品有更全面、更深入的认识和了解。可以提前与所在城市的禁毒大队、戒毒所联系好，让学生通过亲自观察、访谈获取第一手真实的资料。在此期间，教师及时指导各组把小组内成员获取到的资料汇总在一起进行分析整理，分类提取有代表、有宣传价值的资料，准备宣传策划。

2. 访谈禁毒专业人士

教师帮助学生提前做好联系，学生可选择合适的时间去城市、社区宣传处参观、访谈，关注身边禁毒宣传的开展情况，并学习如何进行活动方案的设计；在访谈中教师要指导学生做访谈记录，提高学生的方案设计能力和人际交往能力。在活动中，小组成员可拍摄相关的照片和视频，并认真做观察记录；小组成员间要亲密合作，互相帮助，共同完成任务。

3. 校园禁毒宣传活动策划

各小组根据学到的方案策划方法，把获取的各种资料整理后，形成本小组的策划方案。教师组织学生召开活动方案交流会，引导学生学会根据所在校园实际、各小组成员优势等对获取的材料进行取舍，并以宣传页、宣传板的方式进行重新组织归纳，可以鼓励学生去积极寻求学校政教处、团委老师的指导和建议，如如何通过场地的选择、宣传方式的多样化等达到宣传效果的最优化。

4. 校园禁毒宣传活动实施

全班团结协作，在学校政教处、团委的协助下，在校园内进行宣传展板观看、宣传页发放、禁毒践行签名等行动；以班级带动年级、学校开展禁毒班会、大宣讲活动，全校范围内形成"拒绝毒品、珍爱生命"的良好氛围。

【总结交流】

每个小组整理出宣传活动体验报告，全班召开成果交流汇报会，学生利用多媒体技术展示各小组活动的研究成果。研究成果可以包括文字、图片、视频等，学生通过这些成果，更多地展示自己在活动中的任务职责落实、活动策划的收获及活动宣传的感受心得等，实现对自己的价值认可及对社会责任意识的认同。

【活动评价】

在研究活动过程中，每个同学都对小组分工的情况和自己完成的任务进行自评，并在小组内进行互评。最后，老师把决定权交给同学们，请所有同学对本次活动中收获最多、感想最深刻、宣传最积极的同学进行肯定鼓励。

【活动拓展】

校园文化生活是学生成长的教育资源。校园禁毒活动的开展，后续可以延伸到家庭、社区，通过"小手拉大手、大手护小手"活动，做禁毒宣传的践行者，带动家庭成员、社会全民提高禁毒意识，扩大禁毒宣传的覆盖面，共同净化社会环境。

六、参考资料　>>>>

《中华人民共和国刑法》摘录

第三百四十七条　【走私、贩卖、运输、制造毒品罪】　走私、贩卖、运输、制造毒品，无论数量多少，都应当追究刑事责任，予以刑事处罚。

走私、贩卖、运输、制造毒品，有下列情形之一的，处十五年有期徒刑、无期徒刑或者死刑，并处没收财产：

（一）走私、贩卖、运输、制造鸦片一千克以上、海洛因或者甲基苯丙胺五十克以上或者其他毒品数量大的；

（二）走私、贩卖、运输、制造毒品集团的首要分子；

（三）武装掩护走私、贩卖、运输、制造毒品的；

（四）以暴力抗拒检查、拘留、逮捕，情节严重的；

（五）参与有组织的国际贩毒活动的。

走私、贩卖、运输、制造鸦片二百克以上不满一千克、海洛因或者甲基苯丙胺十克以上不满五十克或者其他毒品数量较大的，处七年以上有期徒刑，并处罚金。

走私、贩卖、运输、制造鸦片不满二百克、海洛因或者甲基苯丙胺不满十克或者其他少量毒品的，处三年以下有期徒刑、拘役或者管制，并处罚金；情节严重的，处三年以上七年以下有期徒刑，并处罚金。

单位犯第二款、第三款、第四款罪的，对单位判处罚金，并对其直接负责的主管人员和其他直接责任人员，依照各该款的规定处罚。

利用、教唆未成年人走私、贩卖、运输、制造毒品，或者向未成年人出售毒品的，从重处罚。

对多次走私、贩卖、运输、制造毒品，未经处理的，毒品数量累计计算。

综合实践活动写实记录卡

活动主题				
小组成员及分工	记录人		组长	
活动时间			指导教师	
过程记录 （根据内容需要 可加页）				
主要结论				
收获和体会				